# 判例メモ
# 逸失利益算定の
# 基礎収入

宮﨑直己 著

大成出版社

# はしがき

　交通事故によって傷害を受け、その治療に努めたものの、後遺障害が残存した被害者は、適正な損害賠償を受ける権利があります。

　その中でも特に問題となり得るのが、後遺障害による逸失利益です。逸失利益を適正に算定することを目指して、これまでも実務上いろいろな考え方が提唱され、また、膨大な裁判例を通じて基本的な考え方が確立されるに至っています。

　本書は、逸失利益の算定に不可欠な基礎収入額の認定という問題に焦点を絞り、近時の裁判例の考え方の傾向を把握することを目的として作成されました。

　読者は、本書を検索することによって、紛争が裁判に至った場合に、一見すると同じような事件であっても、担当裁判官の考え方ひとつで、判断内容に少なからぬ差異が生じるという現実を知ることができます。また、加害者及び被害者の双方から、具体的にいかなる主張が出され、それに対して裁判官がどのような判断を示しているかを把握することもできます。

　最後になりましたが、本書を出版するに当たり、大成出版社の御子柴直人氏に大変お世話になりました。また、当事務所のスタッフである下坂元理恵子さん及び松本千博さんには、校正等の作業を手伝っていただきました。

　著者としては、これらの方々に対し、紙面を借りてお礼申し上げます。


平成31年2月

弁護士　宮﨑直己

# 目　　次

# 序章

## 第1節　後遺障害による逸失利益の算定 ……………………………… 3

　1　算定式 ……………………………………………………………… 3

　2　基礎収入額の認定 ………………………………………………… 3

　（1）重要点 …………………………………………………………… 3

　（2）被害者の職業（属性）に応じた分類方法 ………………………… 4

## 第2節　職業（属性）別の留意点 ……………………………………… 5

　1　はじめに …………………………………………………………… 5

　2　各論 ………………………………………………………………… 5

　（1）給与所得者 ……………………………………………………… 5

　（2）事業所得者 ……………………………………………………… 6

　（3）家事従事者 ……………………………………………………… 6

　（4）学生 ……………………………………………………………… 7

　（5）無職者等 ………………………………………………………… 7

# 第1章　給与所得者

## 第1節　会社役員 ……………………………………………………… 11

　【1-1-1】　株式会社の代表取締役であり、印刷機器の販売等の業
　　　　　　務に従事していた事故時68歳の男性について、休業損害
　　　　　　及び逸失利益算定の基礎収入を、事故前の役員報酬の額
　　　　　　とした事例
　　　　　　（東京地判平28・11・17交民49・6・1359）………………… 11

　【1-1-2】　父が経営する会社の取締役をしていた事故時26歳の男

性について、死亡による逸失利益算定の基礎収入を、事
故前の役員報酬の7割の額とした事例
（大阪地判平28・11・29交民49・6・1389）………………… 12

【1-1-3】　法人成りした会社の代表取締役であるが、実態は個人
事業当時と変わらず現場での作業を行っている男性につ
いて、休業損害算定の基礎収入を、事故前年の役員報酬
の額とした事例
（横浜地判平28・9・14交民49・5・1137）………………… 13

【1-1-4】　家族会社（個人会社）の取締役であり、経営者として
の通常業務のほか、工作機械のメンテナンス・販売等に
従事していた事故時75歳の男性について、休業損害及び
逸失利益算定の基礎収入を、賃金センサス男子学歴計70
歳以上平均賃金とした事例
（横浜地判平28・5・27交民49・3・672）………………… 14

【1-1-5】　従業員2名程度の会社の代表取締役として3か月間稼
働していたが、前職の収入実態が明らかでない男性につ
いて、休業損害算定の基礎収入は役員報酬とし、逸失利
益算定の基礎収入を賃金センサス男子高卒45～49歳平均
賃金とした事例
（松山地判今治支部平28・2・9交民49・1・136）………… 15

【1-1-6】　会社の代表取締役をしていた事故時42歳の男性につい
て、逸失利益を、事故前3年間の平均報酬額で算定した
事例
（大阪地判平26・9・19交民47・5・1175）………………… 17

【1-1-7】　会社の代表取締役をしていた事故時46歳の男性につい
て、休業損害算定の基礎収入は賃金センサス男子学歴計
45～49歳平均賃金を日額に換算したものとし、逸失利益
算定の基礎収入を、47歳から59歳までの13年間は賃金セ
ンサス男子学歴計45～49歳平均賃金とし、その後5年間
は同60～64歳平均賃金とし、さらにその後2年間は同65
～69歳平均賃金とした事例
（神戸地判平26・7・18交民47・4・915）………………… 18

【1-1-8】　会社の代表取締役をしていた事故時45歳の男性につい
て、逸失利益算定の基礎収入を、事故直近の役員報酬額
の80％で算定した事例
（大阪地判平24・9・27交民45・5・1202）………………… 20

## 第2節　正社員（公務員を含む）……………………………… 22

【1-2-1】　クレーンの運転等の業務に従事していた症状固定時34
歳の男性について、休業損害算定の基礎収入は事故前3
か月間の給与収入を3月で除した額とし、その逸失利益
算定の基礎収入を事故前年の年収とした事例
（神戸地判平28・12・13交民49・6・1477）……………… 22

【1-2-2】　新聞配達員として稼働していた事故時29歳の男性につ
いて、死亡による逸失利益算定の基礎収入を、賃金セン
サス男子高校卒25〜29歳平均賃金とした事例
（名古屋地判平28・12・21交民49・6・1531）…………… 23

【1-2-3】　バーの店長及び音楽専門学校講師として稼働し、バン
ド活動をしていた事故時36歳の男性について、死亡によ
る逸失利益算定の基礎収入を、賃金センサス男子学歴計
35〜39歳平均賃金と事故前年の年収との中間値とした事
例
（札幌地判平28・6・24交民49・6・1559）……………… 24

【1-2-4】　会社員として稼働していた事故時36歳の女性につい
て、死亡による逸失利益算定の基礎収入を、賃金センサ
ス女子大卒35〜39歳平均賃金とした事例
（大阪地判平28・7・14交民49・4・869）……………… 26

【1-2-5】　警備員として稼働していた事故時76歳の男性につい
て、死亡による逸失利益算定の基礎収入を、年額121万
7,493円とした事例
（名古屋地判平28・7・15交民49・4・893）…………… 27

【1-2-6】　会社員として稼働していた事故時43歳の男性につい
て、死亡による逸失利益算定の基礎収入を、60歳までの
17年間は事故前年の年収の額とし、60歳から67歳までの
7年間は事故前年の年収の額の70％とした事例
（大阪地判平28・7・19交民49・4・927）……………… 28

【1-2-7】　会社員として稼働していた事故時50歳の男性につい
て、死亡による逸失利益算定の基礎収入を、60歳までの
10年間は事故前年の年収の額とし、60歳から67歳までの
7年間は事故前年の年収の額の80％とした事例
（東京地判平27・11・30交民48・6・1464）…………… 29

【1-2-8】　中学卒業後、夜間高校に通いながら、昼間は会社員と
して稼働していた折に事故に遭い、事故後、会社を休業
した後に解雇され、その後コンビニエンスストアでアル

バイトとして働いていた事故時18歳の男性について、逸
失利益算定の基礎収入を、賃金センサス男子全学歴全年
齢平均賃金とした事例
　（神戸地判平27・12・3交民48・6・1472）………………… 30
【1-2-9】　警察官として稼働していた事故時27歳の男性につい
て、その休業損害は前年度の収入を基礎として、それに
有給休暇分と減給分を加算し、逸失利益算定の基礎収入
を賃金センサス男子学歴計全年齢平均賃金とした事例
　（大阪地判平27・9・29交民48・5・1198）………………… 32
【1-2-10】　自動車整備士として稼働していた事故時25歳の男性に
ついて、休業損害算定の基礎収入は事故前3か月分の給
与を稼働日数で割った金額とし、逸失利益算定の基礎収
入を賃金センサス男子学歴計25～29歳平均賃金とした事
例
　（大阪地判平27・8・26交民48・4・997）………………… 33
【1-2-11】　定年退職後、会社を設立して自ら代表取締役に就いて
いた症状固定時65歳の男性について、逸失利益を、賃金
センサス男子学歴計65～69歳平均賃金で算定した事例
　（東京地判平27・3・10交民48・2・358）………………… 34
【1-2-12】　会社員として稼働していた事故時43歳の男性につい
て、逸失利益を、定年を迎える60歳までは事故前年の年
収を基礎に算定し、その後67歳までについては賃金セン
サス男子学歴計60～64歳平均賃金で算定した事例
　（京都地判平27・6・15交民48・3・728）………………… 35
【1-2-13】　事故後、定年前に警察官を退職し、交通相談員の仕事
をしていた症状固定時59歳の男性について、休業損害算
定の基礎収入は給料減収分と職場への返納分の合計額と
し、逸失利益算定の基礎収入を交通相談員の年収とした
事例
　（神戸地判平27・1・29交民48・1・206）………………… 37
【1-2-14】　システムエンジニアとして稼働していた事故時45歳の
男性について、逸失利益を、定年を迎える60歳までは事
故年の年収を修正したものを基礎に算定し、その後67歳
までは賃金センサス男子大卒60～64歳平均賃金で算定し
た事例
　（横浜地判平26・11・6交民47・6・1385）………………… 38
【1-2-15】　会社員（部長職）として稼働していた事故時52歳の男

性について、逸失利益を、定年を迎える60歳までは事故
前年の年収を基礎に算定し、その後67歳までについては
賃金センサス男子大卒60〜64歳平均賃金で算定した事例
（さいたま地判平26・12・19交民47・6・1559）…………… 39

【1-2-16】 会社員として稼働していた事故時39歳の男性について、
逸失利益を、事故前3年分の給与の平均額を基礎に算定
した事例
（名古屋地判平26・12・19交民47・6・1584）……………… 41

【1-2-17】 会社員として稼働していた症状固定時27歳の女性につ
いて、休業損害算定の基礎収入は給料の日額分とし、逸
失利益算定の基礎収入を賃金センサス女子学歴計全年齢
平均賃金とした事例
（大阪地判平26・9・19交民47・5・1161）………………… 42

【1-2-18】 保育士として稼働していた事故時31歳の女性につい
て、逸失利益を、賃金センサス女子高専・短大卒全年齢
平均賃金を基礎に算定した事例
（千葉地判平26・9・25交民47・5・1224）………………… 43

【1-2-19】 会社員として稼働していた事故時36歳の女性につい
て、休業損害算定の基礎収入は給料の日額分とし、逸失
利益算定の基礎収入については事故前年度の所得を参考
に、年額260万円とした事例
（大阪地判平26・8・27交民47・4・1050）………………… 44

【1-2-20】 重機オペレーターの資格を有する土木作業員として稼
働していた事故時57歳の男性について、休業損害算定の
基礎収入は給料の日額分とし、逸失利益算定の基礎収入
を賃金センサス男子高卒全年齢平均賃金とした事例
（福井地判平25・12・27交民46・6・1654）………………… 46

【1-2-21】 事故時は銀行員として稼働していて、症状固定後に転
籍かつ減収となった症状固定時50歳男性の逸失利益につ
いて、基礎年収を、事故前年の給与とした事例
（東京地判平25・8・6交民46・4・1031）………………… 47

【1-2-22】 公務員として稼働していた事故時57歳の男性につい
て、逸失利益を、定年の60歳までは事故前年の給与収
入、定年後64歳までは賃金センサス男子学歴計60〜64歳
平均賃金、65〜67歳までは同65〜67歳平均賃金を基礎に
算定した事例
（名古屋地判平25・6・28交民46・3・856）………………… 48

【1−2−23】　会社員として稼働していた症状固定時42歳の男性につ
　　　　　いて、逸失利益を、定年の60歳までは事故前年の給与収
　　　　　入を、定年後67までは賃金センサス男子大卒60～64歳
　　　　　平均賃金を基礎に算定した事例
　　　　　（東京地判平25・4・26交民46・2・577）‥‥‥‥‥‥‥‥‥‥ 50
【1−2−24】　公立学校英語教師として稼働していた症状固定時56歳
　　　　　の女性について、逸失利益を、症状固定時の給与収入を
　　　　　基礎に算定した事例
　　　　　（京都地判平25・2・14交民46・1・246）‥‥‥‥‥‥‥‥‥‥ 51
【1−2−25】　会社員として稼働していた事故時37歳の男性につい
　　　　　て、逸失利益を、将来昇給する蓋然性を重視し、事故前
　　　　　年の給与収入ではなく、賃金センサス男子高卒全年齢平
　　　　　均賃金を基礎に算定した事例
　　　　　（東京地判平24・11・30交民45・6・1416）‥‥‥‥‥‥‥ 52
【1−2−26】　警備員として稼働していた事故時59歳の男性につい
　　　　　て、逸失利益を、アルバイトから正社員になった直後で
　　　　　ある事故前3か月間の給料を年収に換算した金額を基礎
　　　　　に算定した事例
　　　　　（名古屋地判平24・12・21交民45・6・1568）‥‥‥‥‥‥ 53
【1−2−27】　公務員として稼働していた症状固定時46歳の男性につ
　　　　　いて、休業損害算定の基礎収入は有給休暇分と減給分の
　　　　　合計額とし、逸失利益算定の基礎収入を事故前年（労災
　　　　　事故による受傷で一部休職）の実収入及び労災休業給付
　　　　　等とした事例
　　　　　（大阪地判平24・9・19交民45・5・1164）‥‥‥‥‥‥‥‥ 54
【1−2−28】　会社員として稼働していた症状固定時38歳の男性につ
　　　　　いて、休業損害算定の基礎収入は事故前年の年収額を
　　　　　365日で除した日額とし、逸失利益算定の基礎収入を事
　　　　　故前年の年収額とした事例
　　　　　（東京地判平24・7・17交民45・4・792）‥‥‥‥‥‥‥‥‥ 56
【1−2−29】　消防防災の公務員として稼働していた症状固定時40歳
　　　　　の男性について、逸失利益算定の基礎収入を症状固定時
　　　　　の年収額とした事例
　　　　　（名古屋地判平24・3・30交民45・2・455）‥‥‥‥‥‥‥‥ 57
【1−2−30】　会社員として稼働していた事故時56歳の男性につい
　　　　　て、逸失利益を、60歳の定年までは事故前年の年収を、
　　　　　61～67歳までは賃金センサス男子学歴計60～64歳平均賃

　　　　　金を基礎に算定した事例
　　　　　（名古屋地判平24・ 5 ・16交民45・ 3 ・633)・・・・・・・・・・・・・・ 58
【1-2-31】　警察官として稼働していた症状固定時44歳の男性につ
　　　　　いて、休業損害算定の基礎収入は事故前年の年収額を
　　　　　365日で除した日額とし、逸失利益算定の基礎収入を症
　　　　　状固定時から60歳の定年までは事故前年の年収額とし、
　　　　　定年後67歳までは賃金センサス男子大卒60〜64歳平均賃
　　　　　金とした事例
　　　　　（京都地判平22・12・ 9 交民43・ 6 ・1637）・・・・・・・・・・・・・・・ 59

## 第 3 節　準社員（パート、アルバイト）・・・・・・・・・・・・・・・ 61

【1-3-1】　舞台活動をしながら、最低限の生活費を得るために準
　　　　　社員として稼働している症状固定時25歳の男性につい
　　　　　て、逸失利益算定の基礎収入を、賃金センサス男子学歴
　　　　　計全年齢平均賃金とした事例
　　　　　（東京高判平28・12・27交民49・ 6 ・1335）・・・・・・・・・・・・・・ 61
【1-3-2】　求職活動が奏功せず、やむなく求職活動をしながら前
　　　　　の職場にアルバイト運転手として勤務していた期間に事
　　　　　故に遭った事故時55歳の男性について、休業損害算定の
　　　　　基礎収入は事故前 3 か月分の給与の日割計算額とし、逸
　　　　　失利益算定の基礎収入を原告の今までの経済状況に照ら
　　　　　して想定できる額（年収300万円）とした事例
　　　　　（大阪地判平25・12・ 3 交民46・ 6 ・1543）・・・・・・・・・・・・・・ 62
【1-3-3】　事故当時、母親の看病のため大学の非常勤講師のみ勤
　　　　　めていた症状固定時51歳の男性について、逸失利益算定
　　　　　の基礎収入を原告の事故前の収入額及び母親死去後の収
　　　　　入額、後遺障害の内容等に照らして想定できる額（年収
　　　　　100万円）とした事例
　　　　　（東京地判平24・ 3 ・27交民45・ 2 ・405）・・・・・・・・・・・・・・・ 63
【1-3-4】　自動車メーカーを定年退職後、マンション管理人とし
　　　　　て稼働していた事故時61歳の男性について、休業損害算
　　　　　定の基礎収入は事故前 3 か月分の給与の日割計算額と
　　　　　し、逸失利益算定の基礎収入を、事故前 3 か月分の給与
　　　　　を年収に換算した額を、事故年賃金センサス男子学歴計
　　　　　60〜64歳平均賃金で割り、症状固定年の賃金センサス男
　　　　　子学歴計60〜64歳平均賃金にその割合を乗じた金額とし
　　　　　た事例

　　　　（名古屋地判平23・9・16交民44・5・1176）……………… 65
【1-3-5】　高校卒業後アメリカの短大に留学し、帰国後ホテルア
　　　　　ルバイトとして稼働していた症状固定時27歳の男性につ
　　　　　いて、休業損害算定の基礎収入は事故前3か月分の給与
　　　　　の日割計算額とし、逸失利益算定の基礎収入を賃金セン
　　　　　サス男子高専・短大卒全年齢平均賃金とした事例
　　　　　（名古屋地判平22・12・7交民43・6・1608）……………… 66

## 第4節　その他（医師、教授など）………………………………………… 69

【1-4-1】　某大学院で研究に励みつつ外勤医師として勤務してい
　　　　　た事故時34歳の男性について、死亡による逸失利益算定
　　　　　の基礎収入を、賃金センサス男性医師全年齢平均賃金
　　　　　と、大学教授全年齢平均賃金及び大学准教授全年齢平均
　　　　　賃金の平均額とした事例
　　　　　（京都地判平27・9・2交民48・5・1078）………………… 69
【1-4-2】　国立大学の教授で、他大学で非常勤講師もしていた事
　　　　　故時52歳の男性について、休業損害算定の基礎収入は、
　　　　　国立大学教授の分は事故前3か月の収入を稼働日数で
　　　　　割った金額とし、非常勤講師の分は一コマ当たりの金額
　　　　　に休講した日を乗じた金額とし、また、逸失利益算定の
　　　　　基礎収入を、65歳までは事故前年の年収、65〜67歳は減
　　　　　収を予想し、900万円とした事例
　　　　　（名古屋地判平26・5・21交民47・3・650）……………… 70
【1-4-3】　キックボクシングトレーナーとして稼働していた事故
　　　　　時31歳の男性について、給与明細の信用性に乏しいこと
　　　　　から、休業損害算定の基礎収入は生活するのに必要と推
　　　　　定される金額（月額20万円）とし、逸失利益算定の基礎
　　　　　収入を賃金センサス男子学歴計全年齢平均賃金の約8割
　　　　　とした事例
　　　　　（大阪地判平25・12・13交民46・6・1571）………………… 72
【1-4-4】　産婦人科医師として稼働していた事故時39歳の男性に
　　　　　ついて、その死亡による逸失利益算定の基礎収入を、事
　　　　　故前年の収入とした事例
　　　　　（東京地判平25・3・14交民46・2・384）……………… 73
【1-4-5】　事故当時研修医であり医師として稼働する直前で事故
　　　　　に遭った事故時30歳の男性について、休業損害は本来得
　　　　　られるはずの給与から実収入を差し引いた額とし、逸失

利益算定の基礎収入を裁判所が相当とする金額（1,603万4,052円）とした事例

（岡山地判平23・3・2交民44・2・297）‥‥‥‥‥‥ 74

【1-4-6】 事故当時消化器外科医として稼働していた男性について、逸失利益算定の基礎収入を、事故年と事故前年の収入額の平均値とした事例

（名古屋地判平21・1・13交民42・1・38）‥‥‥‥‥‥ 76

# 第2章　事業所得者

## 第1節　現業系の事業者 ‥‥‥‥‥‥‥‥‥‥‥‥‥‥‥‥‥‥ 81

【2-1-1】 とび職の男性について、逸失利益算定の基礎収入を、賃金センサス男子高校卒全年齢平均賃金とした事例

（名古屋地判平29・5・19交民50・3・630）‥‥‥‥‥ 81

【2-1-2】 住宅設備工事業を営む男性について、休業損害算定の基礎収入は事故前年の収入を日割りにしたものとし、逸失利益算定の基礎収入を賃金センサス男子学歴計全年齢平均賃金とした事例

（名古屋地判平28・10・14交民49・5・1215）‥‥‥‥ 82

【2-1-3】 鉢花を生産する農業を営む男性について、休業損害算定の基礎収入は事故前年と前々年の収入の平均額とし、逸失利益算定の基礎収入を固定経費を除いたものとした事例

（東京地判平27・3・26交民48・2・414）‥‥‥‥‥‥ 83

【2-1-4】 金属加工業を営む男性について、休業損害は事故直近の収支が赤字であったことから認めず、逸失利益算定の基礎収入を賃金センサス男子学歴計65～69歳平均賃金の60％とした事例

（大阪地判平26・12・11交民47・6・1529）‥‥‥‥‥ 85

【2-1-5】 鉄工所を経営していた男性について、死亡による逸失利益算定の基礎収入を、事故年の鉄工所の所得金額に、妻の経営する喫茶店の亡男の寄与度30％分に相当する金額（喫茶店の所得の30％）を加算した額とした事例

（大阪地判平25・8・29交民46・4・1134）‥‥‥‥‥ 86

【2-1-6】 イチゴ栽培農家の男性について、休業損害は事故翌年の所得における前年比減少額とし、逸失利益算定の基礎

11

収入を賃金センサス男子学歴計全年齢平均賃金とした事
例
　（名古屋地判平25・7・3公刊物未掲載）………………… 88
【2-1-7】　大工として稼働していた男性について、休業損害算定
の基礎収入は事故前3か月間の収入を90日で除した金額
とし、逸失利益算定の基礎収入を賃金センサス男子学歴
計全年齢平均賃金とした事例
　（東京地判平24・12・18交民45・6・1495）………………… 89
【2-1-8】　競輪選手として稼働していた男性について、休業損害
算定の基礎収入は、事故前3年間の各収入（獲得賞金）
に所得率80％を乗じた金額の平均年収額とし、さらにそ
れを365日で除したものを平均日額とした。その上で、
事故から廃業までの期間に得べかりし収入と同期間に実
際に獲得した収入（推定経費を控除した金額）との差額
を休業損害額とし、また、逸失利益算定の基礎収入につ
いては、症状固定後5年間は事故前年の所得額（推定経
費を控除した金額）とし、その後17年間は賃金センサス
男子学歴計全年齢平均賃金とした事例
　（京都地判平24・12・19交民45・6・1532）………………… 90
【2-1-9】　鍵の製造修理業を営んでいた男性について、死亡によ
る逸失利益算定の基礎収入を、事故前2年間の申告所得
の平均値とした事例
　（京都地判平24・5・9交民45・3・591）………………… 92
【2-1-10】　とび職の男性について、休業損害算定の基礎収入は人
身傷害補償契約の保険約款に基づいた金額とし、逸失利
益算定の基礎収入を賃金センサス男子学歴計全年齢平均
賃金とした事例
　（京都地判平24・4・11交民45・2・466）………………… 93
【2-1-11】　競輪選手として稼働していた男性について、休業損
害・逸失利益とも算定の基礎収入を、賃金センサス男女
計学歴計30～34歳平均賃金とした事例
　（大阪地判平23・7・13交民44・4・908）………………… 94
【2-1-12】　クラシックカー修理業として稼働していた男性につい
て、休業損害・逸失利益とも算定の基礎収入を、賃金セ
ンサス男子学歴計45～49歳平均賃金の70％とした事例
　（京都地判平23・8・9交民44・4・1025）………………… 95
【2-1-13】　プロゴルファーのキャディーとして稼働していた男性

について、休業損害・逸失利益とも算定の基礎収入を、
300万円とした事例
（東京高判平22・9・9交民43・5・1109）……………… 96

【2-1-14】　建設現場作業アルバイトとして稼働していた男性について、休業損害算定の基礎収入は月収20万円とし、逸失利益算定の基礎収入を賃金センサス男子全年齢中卒平均賃金とした事例
（大阪地判平22・10・20交民43・5・1313）……………… 97

【2-1-15】　建築請負業として稼働していた男性について、休業損害・逸失利益とも算定の基礎収入を、賃金センサス男子全年齢大卒平均賃金の60％とした事例
（大阪高判平21・3・26交民42・2・305）……………… 99

【2-1-16】　生コンミキサー車の運転手及び鉄道保全軌道工として稼働していた男性について、休業損害算定の基礎収入は生コン運転手と軌道工の日給の合計額とし、逸失利益算定の基礎収入を生コン運転手の日給100％及び軌道工の日給80％の合計額を年収に換算したものとした事例
（大阪地判平20・3・14交民41・2・340）…………… 100

【2-1-17】　建築業を営んでいた男性について、休業損害・逸失利益とも算定の基礎収入を、事故年の賃金センサス男子学歴計35〜39歳平均賃金とした事例
（神戸地判平18・11・17交民39・6・1620）…………… 101

【2-1-18】　建築業を営んでいた男性について、休業損害算定の基礎収入は事故前年の賃金センサス男子企業規模5〜9人建設業学歴計65歳以上平均賃金とし、逸失利益算定の基礎収入を症状固定年の賃金センサス男子企業規模5〜9人建設業学歴計65歳以上平均賃金とした事例
（東京地判平15・12・1交民36・6・1521）…………… 103

## 第2節　資格を要する事業者……………………………………… 105

【2-2-1】　男性歯科医師について、休業損害は自由診療減少分及び人件費増加分から保険診療及び物品販売の増加分を控除した残額の80％とし、逸失利益算定の基礎収入を事故前年の青色申告特別控除前の所得金額とした事例
（名古屋地判平28・2・26交民49・1・288）…………… 105

【2-2-2】　男性歯科医師について、休業損害算定の基礎収入は事故前年の所得に専従者給与及び固定経費を加えた金額と

し、逸失利益算定の基礎収入を事故前 3 年間の各所得と
専従者給与の合計額の平均額とした事例
（東京地判平26・12・24交民47・6・1597）……………… 106

【2-2-3】 弁理士として稼働していた男性について、休業損害算
定の基礎収入は事故前年度の営業所得とし、その逸失利
益算定の基礎収入を事故前 5 年間の営業所得の平均額と
特許事務所の補助業務報酬額との合計額とした事例
（東京地判平23・10・17交民44・5・1357）……………… 108

【2-2-4】 薬剤師として稼働していた女性について、休業損害及
び逸失利益算定の基礎収入を、事故前年の売上から売上
原価を除いたものに経費（損害保険料、減価償却費、地
代家賃、区からの報酬）を加算した金額とした事例
（東京地判平19・7・30交民40・4・1014）……………… 109

## 第 3 節　サービス事業者 …………………………………………… 111

【2-3-1】 すし店を共同経営していた男性について、休業損害
は、休業期間中に本来なら得ていた予定の金額から、受
領済みの金額を控除した残額とし、逸失利益算定の基礎
収入を事故前年の収入とした事例
（横浜地判平29・2・3交民50・1・97）……………… 111

【2-3-2】 スナックを経営していた女性について、休業損害・逸
失利益とも算定の基礎収入を、賃金センサス女子学歴計
65〜69歳平均賃金とした事例
（大阪地判平25・8・27交民46・4・1125）……………… 112

【2-3-3】 ミニコミ誌制作事業を行っていた男性について、逸失
利益算定の基礎収入を、賃金センサス男子学歴計40〜44
歳平均賃金とした事例
（大阪地判平24・11・27交民45・6・1356）……………… 113

【2-3-4】 ペット販売業の者について、休業損害算定の基礎収入
を、前年度における同時期の営業利益の日額から17％減
額した金額とした事例
（東京地判平23・11・25交民44・6・1448）……………… 115

【2-3-5】 システムエンジニアの男性について、休業損害・逸失
利益とも算定の基礎収入を、同年代の賃金センサス平均
賃金を参考に550万円とした事例
（神戸地判平23・12・26交民44・6・1635）……………… 116

【2-3-6】 米穀店及びコンビニエンスストアを経営していた男性

について、休業損害・逸失利益とも算定の基礎収入を、
賃金センサス男子学歴計全年齢平均賃金の70％とした事
例
　　　（大阪地判平23・1・27交民44・1・123）……………… 118
【2-3-7】 事業を営んでいた男性について、休業損害算定の基礎
収入は賃金センサス男子高卒25〜29歳平均賃金の60％と
し、逸失利益算定の基礎収入を賃金センサス男子高卒全
年齢平均賃金の60％とした事例
　　　（大阪地判平22・12・3交民43・6・1570）……………… 119
【2-3-8】 ペットショップを経営していた男性について、休業損
害・逸失利益とも算定の基礎収入を、賃金センサス男子
学歴計全年齢平均賃金とした事例
　　　（神戸地判平20・1・29交民41・1・102）……………… 120
【2-3-9】 居酒屋経営者の男性について、休業損害算定の基礎収
入は従前の収入に基づき日額7,190円とし、逸失利益算
定の基礎収入を年額360万円とした事例
　　　（東京地判平20・2・4交民41・1・148）……………… 121
【2-3-10】 システムエンジニアとして稼働していた男性につい
て、休業損害算定の基礎収入は賃金センサス男子システ
ムエンジニア35〜39歳平均賃金とし、逸失利益算定の基
礎収入を賃金センサス男子学歴計全年齢平均賃金とした
事例
　　　（東京地判平19・7・23交民40・4・919）……………… 122
【2-3-11】 米穀等の商店を営んでいた男性について、休業損害は
認めず、逸失利益算定の基礎収入を各種商品小売業者全
労働者平均賃金の70％とした事例
　　　（大阪地判平18・6・14交民39・3・764）……………… 124
【2-3-12】 花屋を営んでいた女性について、休業損害算定の基礎
収入は賃金センサス女子高専・短大卒全年齢平均賃金の
80％とし、逸失利益算定の基礎収入を同賃金センサス平
均賃金とした事例
　　　（東京地判平18・3・14交民39・2・326）……………… 125
【2-3-13】 バイク店を営んでいた男性について、休業損害算定の
基礎収入を、賃金センサス男子学歴計40〜44歳平均賃金
の80％とした事例
　　　（大阪地判平18・2・7交民39・1・138）……………… 127
【2-3-14】 材木商を営んでいた男性について、休業損害・逸失利

**15**

益とも算定の基礎収入を、賃金センサス男子学歴計65歳
以上平均賃金とした事例
　　　　（大阪地判平18・2・10交民39・1・156）‥‥‥‥‥　128

【2－3－15】　喫茶店を経営していた男性について、休業損害算定の
基礎収入は前年度の収入とし、逸失利益算定の基礎収入
を賃金センサス男子規模99人以下調理師全年齢平均賃金
とした事例
　　　　（名古屋地判平17・10・5交民38・5・1386）‥‥‥‥‥　129

【2－3－16】　妻が経営する焼き鳥屋及びスナック店を任されていた
男性について、逸失利益算定の基礎収入を、賃金センサ
ス男子学歴計60〜64歳平均賃金の90％とした事例
　　　　（大阪地判平14・2・15交民35・1・242）‥‥‥‥‥　131

## 第4節　自由業その他 ‥‥‥‥‥‥‥‥‥‥‥‥‥‥‥‥‥‥‥‥‥　133

【2－4－1】　イラスト制作の仕事に就いていた男性について、その
休業損害算定の基礎収入は事故年の申告所得とし、逸失
利益算定の基礎収入を賃金センサス男子高卒全年齢平均
賃金の80％に相当する年額370万円とした事例
　　　　（大阪地判平27・7・31交民48・4・933）‥‥‥‥‥　133

【2－4－2】　集金や契約取次業務等を委託された男性について、休
業損害・逸失利益とも算定の基礎収入を、賃金センサス
男子学歴計55〜59歳平均賃金とした事例
　　　　（名古屋地判平22・1・8交民48・1・8）‥‥‥‥‥　134

【2－4－3】　放送作家として稼働していた男性について、休業損害
算定の基礎収入を、賃金センサス男子学歴計45〜49歳平
均賃金とした事例
　　　　（大阪地判平22・5・26交民43・3・712）‥‥‥‥‥　135

【2－4－4】　露天商の男性について、状況や生活ぶりから、休業損
害・逸失利益とも算定の基礎収入を、400万円とした事
例
　　　　（東京地判平21・8・26交民42・4・1060）‥‥‥‥‥　136

【2－4－5】　陶芸家として稼働していた男性について、休業損害算
定の基礎収入は事故前年の所得とし、逸失利益算定の基
礎収入を賃金センサス高専・短大卒35〜39歳平均賃金の
90％とした事例
　　　　（佐賀地判平21・8・7交民42・4・1010）‥‥‥‥‥　138

【2－4－6】　時計古物商の男性について、休業損害・逸失利益とも

算定の基礎収入を、事故前3年分は無申告であったため、事故から4年前の申告所得額とした事例

（東京地判平21・6・24交民42・3・794）…………… 139

【2-4-7】 雑貨・絵画等を海外から輸入し販売をしていた男性について、休業損害・逸失利益とも算定の基礎収入を、賃金センサス男子学歴計50〜54歳平均賃金の60％とした事例

（千葉地判平20・9・29交民41・5・1304）………… 140

【2-4-8】 飲食店のホステスをしていた女性について、逸失利益算定の基礎収入を、賃金センサス女子学歴計全年齢平均賃金とした事例

（大阪地判平20・1・23交民41・1・44）…………… 142

【2-4-9】 画家である父親の助手及び画廊兼飲食店の手伝いをしていた男性について、休業損害及び逸失利益算定の基礎収入を、賃金センサス男子中卒35〜39歳平均賃金の60％とした事例

（千葉地判平19・6・26交民40・3・793）………… 143

【2-4-10】 移動式ラーメン店を経営していた男性について、休業損害は認めず、逸失利益算定の基礎収入を賃金センサス全労働者学歴計50〜54歳平均賃金の70％とした事例

（東京地判平19・1・17交民40・1・69）…………… 144

【2-4-11】 画家の男性について、休業損害及び逸失利益算定の基礎収入を、絵の売上額の60％とした事例

（大阪地判平18・6・16交民39・3・786）………… 146

【2-4-12】 ホステスの女性について、休業損害算定の基礎収入を、賃金センサス女子学歴計全年齢平均賃金とした事例

（名古屋地判平17・7・13交民38・4・947）……… 147

# 第3章　家事従事者

## 第1節　専業主婦 ……………………………………………………………… 151

【3-1-1】 58歳専業主婦について、休業損害算定の基礎収入は事故年の賃金センサス女子学歴計全年齢平均賃金とし、逸失利益算定の基礎収入を症状固定年の同60〜64歳平均賃金とした事例

（大阪地判平29・1・31交民50・1・84）…………… 151

**17**

【3-1-2】 夫と2人暮らしの78歳専業主婦について、休業損害及
び逸失利益算定の基礎収入を、賃金センサス女子学歴計
70歳以上平均賃金の80％とした事例
　　　（大阪地判平28・12・12交民49・6・1451）……………… 152
【3-1-3】 夫と2人暮らしの71歳専業主婦について、その死亡に
よる逸失利益を、賃金センサス女子学歴計70歳以上平均
賃金で算定した事例
　　　（東京地判平28・9・7交民49・5・1109）……………… 153
【3-1-4】 視力障害のある長男のために家事労働を一定程度行っ
ていた80歳男性について、休業損害及び逸失利益算定の
基礎収入を、賃金センサス女子学歴計70歳以上平均賃金
の30％とした事例
　　　（名古屋地判平28・9・30交民49・5・1182）……………… 154
【3-1-5】 息子及び孫と同居し家事全般を担っていた76歳専業主
婦について、休業損害及び逸失利益算定の基礎収入を、
賃金センサス女子学歴計70歳以上平均賃金の30％とした
事例
　　　（名古屋地判平28・10・21交民49・5・1236）…………… 155
【3-1-6】 長男と2人暮らしをしており、施設に入院している次
男を週に1回程度訪れていた71歳専業主婦について、逸
失利益算定の基礎収入を、賃金センサス女子学歴計全年
齢平均賃金の70％とした事例
　　　（京都地判平28・10・25交民49・5・1243）……………… 157
【3-1-7】 高校教諭を定年退職後、正社員で働く妻のために家事
を担っていた71歳男性の逸失利益について、基礎収入
を、賃金センサス女子学歴計全年齢平均賃金の80％とし
た事例
　　　（大阪地判平28・5・13交民49・3・583）………………… 158
【3-1-8】 子・孫ら計8人で住んでいた82歳の専業主婦の逸失利
益について、基礎収入を、賃金センサス女子学歴計全年
齢平均賃金の30％とした事例
　　　（神戸地判平28・5・18交民49・3・601）………………… 159
【3-1-9】 事故当時、夫及び子供と3人暮らしをしていた75歳の
専業主婦について、休業損害算定の基礎収入は事故年の
賃金センサス女子学歴計全年齢平均賃金とし、逸失利益
算定の基礎収入を症状固定年の賃金センサス女子学歴計
70歳以上平均賃金とした事例

（東京地判平28・1・22交民49・1・55）………………… 160

【3-1-10】　44歳の長女と2人暮らしをして全面的に家事を受け
　　　持っていた77歳専業主婦の逸失利益について、その基礎
　　　収入を、賃金センサス女子学歴計70歳以上平均賃金とし
　　　た事例
　　　（大阪地判平27・10・22交民48・5・1286）………… 162

【3-1-11】　老人ホームに入所していた夫の身の回りの世話をして
　　　旦身で暮らしていた88歳専業主婦の逸失利益について、
　　　その基礎収入を、賃金センサス女子学歴計70歳以上平均
　　　賃金の80%とした事例
　　　（東京地判平27・3・11交民48・2・376）………… 163

【3-1-12】　右半身に障害のあった49歳専業主夫の逸失利益につい
　　　て、その基礎収入を、賃金センサス女子学歴計全年齢平
　　　均賃金の80%とした事例
　　　（横浜地判平26・12・11交民47・6・1520）………… 164

【3-1-13】　妻が就労し、自宅の家事と、実家の母の介護をしてい
　　　た33歳専業主夫について、休業損害算定の基礎収入は賃
　　　金センサス女子学歴計全年齢平均賃金とし、逸失利益算
　　　定の基礎収入を原告が症状固定時に近接する日にフルタ
　　　ノムで勤務した月給25万円とした事例
　　　（横浜地判平26・2・28交民47・1・283）………… 165

## 第2節　兼業主婦 ……………………………………………… 167

【3-2-1】　事故当時、夫及び義父母と同居し、家業の写真店で働
　　　いていた31歳兼業主婦について、休業損害及び逸失利益
　　　算定の基礎収入を、賃金センサス女子学歴計全年齢平均
　　　賃金とした事例
　　　（京都地判平28・1・26交民49・1・78）………… 167

【3-2-2】　事故当時、介護職員として稼働しながら、夫と同居し
　　　て家事も行っていた53歳兼業主婦について、各月ごとに
　　　賃金労働と家事労働の休業損害額を比較し、多額の方を
　　　当月の休業損害として認めた事例
　　　（名古屋地判平28・2・19交民49・1・219）……… 168

【3-2-3】　高齢により仕事を辞めた夫と2人暮らしをして、調理
　　　助手のパートをしていた65歳兼業主婦の逸失利益につい
　　　て、その基礎収入を、賃金センサス女子学歴計全年齢平
　　　均賃金の80%とした事例

**19**

　　　　　（大阪地判平27・11・27交民48・6・1428）……………… 169

【3-2-4】　内縁の夫と同居し、和菓子屋でアルバイト収入を得て
　　　　　いた61歳兼業主婦の逸失利益について、その基礎収入
　　　　　を、賃金センサス女子学歴計60〜64歳平均賃金とした事
　　　　　例
　　　　　（大阪地判平27・10・14交民48・5・1273）……………… 170

【3-2-5】　夫の歯科医院の手伝い等をしていた57歳兼業主婦の逸
　　　　　失利益について、その基礎収入を、賃金センサス女子学
　　　　　歴計全年齢平均賃金とした事例
　　　　　（大阪地判平27・1・15交民48・1・45）……………… 171

【3-2-6】　夫が経営する株式会社で働く兼業主婦の女性につい
　　　　　て、その休業損害及び逸失利益算定の基礎収入を、兼業
　　　　　主婦であるとしても、男女の全年齢平均賃金を採用する
　　　　　べきではないとして、賃金センサス女子学歴計全年齢平
　　　　　均賃金である348万9,000円とした事例
　　　　　（名古屋地判平27・1・14交民48・1・35）……………… 173

【3-2-7】　クリーニング店の配達の仕事をしていた47歳兼業主婦
　　　　　について、基礎収入を、賃金センサス女子学歴計全年齢
　　　　　平均賃金とした事例
　　　　　（大阪地判平27・1・29交民48・1・198）……………… 174

# 第4章　学生等

## 第1節　年少者 ……………………………………………………… 179

【4-1-1】　事故時11歳の女児の逸失利益について、その基礎収入
　　　　　を、賃金センサス男女計学歴計全年齢平均賃金とした事
　　　　　例
　　　　　（大阪地判平28・7・29交民49・4・971）……………… 179

【4-1-2】　事故時3歳（症状固定時3歳）の女児の逸失利益につ
　　　　　いて、その基礎収入を、賃金センサス男女計学歴計全年
　　　　　齢平均賃金とした事例
　　　　　（横浜地裁川崎支部平28・5・31交民49・3・682）……… 180

【4-1-3】　事故時7歳（症状固定時7歳）の女児の逸失利益につ
　　　　　いて、その基礎収入を、賃金センサス男女計学歴計全年
　　　　　齢平均賃金とした事例
　　　　　（東京地判平28・2・25交民49・1・255）……………… 181

【4-1-4】　事故時２歳の男児の逸失利益について、その基礎収入
　　　　　を、賃金センサス男子学歴計全年齢平均賃金とした事例
　　　　　（名古屋地判平26・5・16交民47・3・629）……………… 182
【4-1-5】　事故時３歳の男児の逸失利益について、その基礎収入
　　　　　を、賃金センサス男子学歴計全年齢平均賃金とした事例
　　　　　（大阪地判平26・6・18交民47・3・734）………………… 183

## 第２節　中学生・高校生 ……………………………………………… 185

【4-2-1】　事故時、ともに工業高校に在籍していた16歳の男子高
　　　　　校生Ａ及び15歳の男子高校生Ｂの逸失利益について、そ
　　　　　の基礎収入を、それぞれ賃金センサス男子学歴計全年齢
　　　　　平均賃金とした事例
　　　　　（東京地判平28・7・19交民49・4・900）………………… 185
【4-2-2】　事故時17歳の女子高校生（通信制普通科在籍）の逸失
　　　　　利益について、その基礎収入を、賃金センサス男女計学
　　　　　歴計全年齢平均賃金とした事例
　　　　　（神戸地判平28・5・26交民49・3・659）………………… 186
【4-2-3】　会社勤務の経験のある事故時18歳（症状固定時20歳）
　　　　　の男子高校生について、休業損害算定の基礎収入は賃金
　　　　　センサス男子高卒19歳以下平均賃金とし、また、逸失利
　　　　　益算定の基礎収入を賃金センサス男子高卒全年齢平均賃
　　　　　金とした事例
　　　　　（京都地判平28・1・21交民49・1・43）………………… 187
【4-2-4】　事故時17歳で進路未定の女子高校生の逸失利益につい
　　　　　て、その基礎収入を、賃金センサス男女計学歴計全年齢
　　　　　平均賃金とした事例
　　　　　（大阪地判平27・10・30交民48・5・1335）……………… 188
【4-2-5】　大学進学率の極めて高いクラスに在籍していた事故時
　　　　　16歳の男子高校生の逸失利益について、その基礎収入
　　　　　を、賃金センサス男子大卒全年齢平均賃金とした事例
　　　　　（大阪地判平26・11・5交民47・6・1373）……………… 189
【4-2-6】　大学への進学が決定していた事故時17歳の女子高校生
　　　　　の逸失利益について、その基礎収入を、賃金センサス女
　　　　　子大卒計全年齢平均賃金とした事例
　　　　　（名古屋地判平25・7・18交民46・4・960）……………… 190
【4-2-7】　事故時17歳（症状固定時19歳）で進路未定の男子高校
　　　　　生の休業損害を認めず、逸失利益算定の基礎収入を賃金

21

センサス男子高卒全年齢平均賃金とした事例
（大阪地判平24・8・29交民45・4・1009）……………… 192

【4－2－8】　事故時17歳（症状固定時19歳）の男子高校生の逸失利
益について、その基礎収入を、賃金センサス男子学歴計
全年齢平均賃金とした事例
（横浜地判平24・3・29交民45・2・447）………………… 193

【4－2－9】　事故時16歳（症状固定時17歳）の男子高校生の逸失利
益について、その基礎収入を、賃金センサス男子学歴計
全年齢平均賃金とした事例
（大阪地判平23・7・20交民44・4・945）………………… 194

【4－2－10】　進学校に在籍していた事故時17歳の女子高校生の逸失
利益について、その基礎収入を、賃金センサス男女計大
卒全年齢平均賃金とした事例
（京都地判平23・3・11交民44・2・357）………………… 195

## 第3節　大学生 ………………………………………………………… 197

【4－3－1】　事故時18歳（症状固定時20歳）の男子大学生につい
て、休業損害額は事故前年のアルバイトの年間収入の半
額とし、逸失利益算定の基礎収入を、在学期間中はアル
バイト収入とし、その後は賃金センサス男子大卒全年齢
平均賃金とした事例
（名古屋地判平28・3・18交民49・2・443）…………… 197

【4－3－2】　薬学部に在籍していた事故時21歳の女子大学生の逸失
利益について、その基礎収入を、賃金センサス女子薬剤
師全年齢平均賃金で算定した事例
（神戸地判平27・11・11交民48・6・1362）…………… 198

【4－3－3】　事故時19歳の男子大学生の逸失利益について、その基
礎収入を、賃金センサス男子大卒全年齢平均賃金とした
事例
（大阪地判平27・8・28交民48・4・1028）…………… 199

【4－3－4】　医学部に在籍する事故時21歳の男子大学生の逸失利益
について、その基礎収入を、賃金センサス男子医師全年
齢平均賃金に相当する金額とした事例
（東京地判平26・12・18交民47・6・1548）…………… 200

【4－3－5】　事故当時就職活動中だった症状固定時24歳の男子大学
生について、休業損害算定の基礎収入については、大学
在学中の分はアルバイト収入の平均日額とし、大学卒業

後の分は賃金センサス男子学歴計20〜24歳平均賃金の
80％とし、逸失利益算定の基礎収入を賃金センサス男子
学歴計全年齢平均賃金とした事例

（東京地判平24・9・28交民45・5・1216）……………… 201

【4-3-6】 事故により大学卒業時に就職できなかったため大学院
に進学した、事故時21歳（症状固定時27歳）の男子大学
生について、休業損害算定の基礎収入は賃金センサス男
子大卒20〜24歳平均賃金の7割とし、逸失利益算定の基
礎収入を賃金センサス男子大卒全年齢平均賃金とした事
例

（名古屋地判平23・11・18交民44・6・1441）…………… 203

【4-3-7】 症状固定時21歳の男子大学生について、休業損害算定
の基礎収入は事故前年のアルバイトの年間収入とし、逸
失利益算定の基礎収入を賃金センサス男子大卒全年齢平
均賃金とした事例

（横浜地判平23・11・29交民44・6・1471）……………… 204

【4-3-8】 事故時20歳の女子大学生の逸失利益について、大学在
学中はアルバイト収入が不確定であるとして、基礎収入
を明示せず認定し、大学卒業後は基礎収入を、賃金セン
サス女子大卒全年齢平均賃金とした事例

（大阪地判平23・3・25交民44・2・419）………………… 205

## 第4節　専門学校生・その他…………………………………… 207

【4-4-1】 就職が内定していた事故時20歳の女子美容専門学校生
の逸失利益について、その基礎収入を、賃金センサス女
子高専・短大卒全年齢平均賃金とした事例

（大阪地判平28・7・15交民49・4・886）………………… 207

【4-4-2】 事故時19歳の男子調理専門学校生の逸失利益につい
て、その基礎収入を、賃金センサス男子学歴計全年齢平
均賃金とした事例

（名古屋地判平27・5・11交民48・3・549）……………… 208

【4-4-3】 高校を中退して大工見習いをしていた事故時16歳の男
子の逸失利益について、その基礎収入を、賃金センサス
男子学歴計全年齢平均賃金とした事例

（大阪地判平27・6・16交民48・3・740）………………… 209

【4-4-4】 中学を卒業後、進学せずに居酒屋で稼働していた事故
時15歳の女子の逸失利益について、その基礎収入を、賃

金センサス女子学歴計全年齢平均賃金とした事例

（東京地判平25・9・6交民46・5・1174）…………… 210

【4-4-5】 商業高校を中退後、工業高校に再入学予定であった事
故時16歳の男子の逸失利益について、その基礎収入を、
賃金センサス男子学歴計全年齢平均賃金とした事例

（東京地判平24・12・26交民45・6・1586）………… 211

【4-4-6】 事故時18歳（症状固定時23歳）の男子専門学校生につ
いて、休業損害算定の基礎収入は賃金センサス男子高
専・短大卒20～24歳平均賃金とし、逸失利益算定の基礎
収入を賃金センサス男子学歴計全年齢平均賃金とした事
例

（大阪地判平24・7・30交民45・4・933）………… 213

【4-4-7】 事故時18歳（症状固定時19歳）の男子浪人生につい
て、休業損害を認めず、逸失利益算定の基礎収入を賃金
センサス男子大卒全年齢平均賃金とした事例

（東京地判平22・9・30交民43・5・1265）………… 214

# 第5章　無職者等

### 第1節　30歳未満 ……………………………………… 219

【5-1-1】 デザイン専門学校を卒業後、アルバイトをしながらデ
ザイナーの仕事を探していた事故時25歳の男性の逸失利
益について、その基礎収入を、賃金センサス男子学歴計
25～29歳平均賃金で算定した事例

（大阪地判平27・8・28交民48・4・1017）………… 219

【5-1-2】 事故時は21歳（症状固定時22歳）の浪人生であった
が、事故後、短大に入学して卒業した男性について、休
業損害は認めず、逸失利益算定の基礎収入を賃金センサ
ス男子高専・短大卒全年齢平均賃金とした事例

（東京地判平27・3・25交民48・2・403）………… 220

【5-1-3】 求職中で、区職員の採用選考に応募していた事故時30
歳（症状固定時32歳）の無職の女性について、休業損
害・逸失利益ともその基礎収入を、賃金センサス女子学
歴計全年齢平均賃金とした事例

（東京地判平23・2・3交民44・1・197）………… 221

## 第2節　30歳以上65歳未満 ……………………………………………… 223

【5-2-1】　パニック障害のため離職していた事故時46歳（症状固定時48歳）の女性について、休業損害は認めず、逸失利益算定の基礎収入を賃金センサス女子45〜49歳平均賃金の7割とした事例

　　　　　（神戸地判平29・4・28交民50・2・513）………………… 223

【5-2-2】　事故の約10か月前から生活保護を受給していた事故時50歳（症状固定時52歳）の無職の男性について、休業損害は認めず、逸失利益算定の基礎収入を男性の職歴、生活保護受給前の月収等から、年額300万円とした事例

　　　　　（東京地判平28・6・27交民49・3・780）………………… 224

【5-2-3】　労災等級併合7級相当の既存障害があり、56％の労働能力を喪失していた、事故時63歳の無職の男性の逸失利益について、その基礎収入を、賃金センサス男子学歴計60〜64歳平均賃金から、労災事故により喪失した労働能力分56％を差し引いて算定した事例

　　　　　（神戸地判平28・1・20交民49・1・23）………………… 225

【5-2-4】　難民認定申請中で無職の事故時44歳（症状固定時45歳）のスリランカ人の男性について、逸失利益算定の基礎収入を、同国の作業員等の賃金の平均値を参考に、原告主張の金額の3割相当額とした事例

　　　　　（東京地判平27・12・17交民48・6・1482）………………… 226

【5-2-5】　勤務先が倒産したため求職活動をした結果、新しい就職先が決まり入社準備中であった事故時38歳（症状固定時40歳）の男性について、休業損害・逸失利益ともその基礎収入を、賃金センサス男子学歴計全年齢平均賃金の60％とした事例

　　　　　（神戸地判平26・8・15交民47・4・964）………………… 228

【5-2-6】　公認会計士試験の勉強をしながら、チケット販売による所得を得ていた事故時35歳の男性の逸失利益について、その基礎収入を、賃金センサス男子学歴計全年齢平均賃金とした事例

　　　　　（名古屋地判平26・8・21交民47・4・990）………………… 229

【5-2-7】　うつ病等のため通院中であり、また、勤務先から窃盗行為を理由とする解雇処分を受けた事故時45歳の男性の逸失利益について、その基礎収入を、賃金センサス男子大卒全年齢平均賃金の約45％とした事例

　　　　　（京都地判平26・5・13交民47・3・600）‥‥‥‥‥‥‥　230
【5-2-8】　57歳で退職後、就職活動や実家の農業の手伝いをして、60歳から年金を受給していた症状固定時63歳の男性について、逸失利益算定の基礎収入を、賃金センサス男子学歴計60〜64歳平均賃金の50％とした事例
　　　　　（横浜地判平26・6・19交民47・3・754）‥‥‥‥‥‥‥　232
【5-2-9】　裁判所職員として41年間勤務した後、大学院に入学し、卒業後、就職活動を行っていた事故時62歳の男性の逸失利益について、その基礎収入を、賃金センサス男子学歴計60〜64歳平均賃金とした事例
　　　　　（京都地判平26・6・27交民47・3・813）‥‥‥‥‥‥‥　233
【5-2-10】　別件交通事故の後、会社を退職して、6年5か月の間、無職で生活保護を受給していた事故時47歳の男性について、逸失利益算定の基礎収入を、賃金センサス男子学歴計全年齢平均賃金の25％とした事例
　　　　　（神戸地判平26・6・27交民47・3・824）‥‥‥‥‥‥‥　234
【5-2-11】　理容師の資格を有するが、腎臓病と診断されて無職になり、家事労働をしていた症状固定時46歳の男性について、休業損害算定の基礎収入は賃金センサス女子学歴計全年齢平均賃金の80％とし、逸失利益算定の基礎収入を賃金センサス男子学歴計全年齢平均賃金の70％（最初の10年間）及び40％（その後の11年間）とした事例
　　　　　（釧路地判平26・3・17交民47・2・337）‥‥‥‥‥‥‥　236
【5-2-12】　生活保護を受給しながら、覚醒剤精神病及びアルコール依存症の治療のために入通院をしていた事故時44歳の無職の男性の逸失利益について、将来においては就労の蓋然性があったとして、その基礎収入を、賃金センサス男子学歴計全年齢平均賃金の50％とした事例
　　　　　（東京地判平26・3・27交民47・2・450）‥‥‥‥‥‥‥　237
【5-2-13】　精神疾患による障害年金と貯金により1人で生活していた事故時52歳の女性について、休業損害は認めず、逸失利益算定の基礎収入を賃金センサス女子学歴計全年齢平均賃金の50％とした事例
　　　　　（東京地判平26・1・16交民47・1・46）‥‥‥‥‥‥‥　238
【5-2-14】　事故当時無職であったが、飲食店への就職が決まっていた事故時40歳（症状固定時40歳）の男性について、休業損害・逸失利益ともその基礎収入を、就職先で得るは

　　　　　　　ずであった給与の額とした事例

　　　　　　　（大阪地判平25・11・14交民46・6・1452）……………　240

【5-2-15】　事故時無職であった症状固定時32歳の男性について、
　　　　　　　休業損害算定の基礎収入は賃金センサス男子学歴計30～
　　　　　　　34歳平均賃金の75％とし、逸失利益算定の基礎収入を前
　　　　　　　職の就職先で得るはずであった給与の額の90％とした事
　　　　　　　例

　　　　　　　（大阪地判平25・8・29交民46・4・1146）……………　242

【5-2-16】　アルバイトをしながら家事労働の相当部分に従事して
　　　　　　　いた事故時35歳の女性について、休業損害・逸失利益と
　　　　　　　もその基礎収入を、賃金センサス女子高専・短大卒35～
　　　　　　　39歳平均賃金の7割とした事例

　　　　　　　（さいたま地判平23・11・18交民44・6・1423）…………　243

【5-2-17】　高校時代にうつ状態が発現し、大学卒業後、職を転々
　　　　　　　として、本件事故前後は精神神経科に入院し、生活保護
　　　　　　　を受けていた事故時45歳（症状固定時47歳）の男性の逸
　　　　　　　失利益について、その基礎収入を、賃金センサス男子大
　　　　　　　卒全年齢平均賃金の7割とした事例

　　　　　　　（京都地判平23・5・10交民44・3・577）………………　244

【5-2-18】　家業の廃業後、職業訓練中に事故に遭った症状固定時
　　　　　　　48歳の無職の男性について、休業損害・逸失利益ともそ
　　　　　　　の基礎収入を、賃金センサス男子学歴計全年齢平均賃金
　　　　　　　の約6割強とした事例

　　　　　　　（京都地判平23・6・10交民44・3・765）………………　246

## 第3節　65歳以上の高齢者 ……………………………………………　248

【5-3-1】　事故当時1人暮らしをしていた77歳の女性について、
　　　　　　　1人暮らしの家事については休業損害及び逸失利益算定
　　　　　　　の根拠となる労働として評価できないとして、いずれの
　　　　　　　損害も否定した事例

　　　　　　　（神戸地判平26・4・30交民47・2・579）………………　248

【5-3-2】　決まった収入はないが、布団の綿入れ作業や、障害者
　　　　　　　である妻の介護等を行っていた事故時78歳の男性の逸失
　　　　　　　利益について、その基礎収入を、賃金センサス男子学歴
　　　　　　　計70歳以上平均賃金の3分の1とした事例

　　　　　　　（大阪地判平26・1・14交民47・1・39）………………　249

【5-3-3】　自営業の店舗を他者に譲渡した後、田畑を借りて農作

業に従事していた事故時67歳（症状固定時68歳）の男性
の逸失利益について、その基礎収入を、賃金センサス男
子学歴計65〜69歳平均賃金の30％とした事例
（大阪地判平25・10・17交民46・5・1356）……………　250

【5-3-4】　妻とともにお茶摘みと新聞集金のアルバイトをしてい
た事故時71歳の男性の逸失利益について、その基礎収入
を、事故直前の年間収入の実績推計額に諸般の事情を加
えて認定した事例
（京都地判平24・11・14交民45・6・1331）……………　251

【5-3-5】　持病があり、生活保護を受給して生計を立てていた事
故時78歳の無職の男性の逸失利益について、将来稼働し
て収入を得られた蓋然性がないとして、その逸失利益を
認めなかった事例
（大阪地判平24・7・26交民45・4・903）……………　253

【5-3-6】　シルバー人材センターの紹介で駐輪場管理の仕事をす
るほか、妻の事業を手伝っていた症状固定時68歳の男性
について、休業損害・逸失利益ともその基礎収入を、賃
金センサス男子学歴計65〜69歳平均賃金の40％とした事
例
（大阪地判平24・8・28交民45・4・997）……………　254

【5-3-7】　仕事を見つけることが困難となり、生活保護を受給し
ていた症状固定時65歳の無職の男性の逸失利益につい
て、その基礎収入を、事故前に得たことがある収入月額
の１年分に当たる金額とした事例
（横浜地判平24・3・28交民45・2・436）……………　255

【5-3-8】　年金生活をしていた事故時68歳の無職の女性の逸失利
益について、事故当時就職活動をしておらず、就労の蓋
然性があったとは言えないとして、逸失利益を認めな
かった事例
（神戸地判平23・9・7交民44・5・1137）……………　256

【5-3-9】　事故前年に米穀店を自主廃業後、年金を受給していた
事故時69歳の無職の男性の逸失利益について、事故当
時、継続的に一定の稼働収入を得ていたとは認められな
いとして、逸失利益を認めなかった事例
（名古屋地判平22・2・5交民43・1・106）……………　257

## 判例索引　………………………………………………………………　259

**事項索引** ..................................................................... 267

# 序　章

第1節　後遺障害による逸失利益の算定

# 第1節　後遺障害による逸失利益の算定

## 1　算定式

　後遺障害による逸失利益の算定は、次の計算式によって行うものとされている。

> **基礎収入×労働能力喪失率×喪失期間に対応するライプニッツ係数＝逸失利益**

　以上のことから、①被害者の基礎収入、②労働能力喪失率、③喪失期間に対応するライプニッツ係数の3点が問題となる。

　これら三つの要素のうち、しばしば問題となるのが①及び②である。本書は、これらの問題点のうち、①被害者の基礎収入について焦点を当てて判例の考え方を理解しようとするものである。

## 2　基礎収入額の認定

### (1)　重要点

　逸失利益の額を算定するに当たり、基礎収入額をいくらとみるかという点が重要な問題となる。

　例えば、事故前に1,000万円の収入があった者Aと500万円の収入しかなかった者Eを比較した場合、他の条件（障害等級、年齢、職業等）が全く同じであると仮定したときは、Aの逸失利益はBのそれの2倍となる。

　このように、基礎収入額は、事故前の現実の収入額とされるのが原則である。しかし、逸失利益は、本来的に将来予測に属する認定とならざ

3

序　　章

るを得ないため、適正な基礎収入額を見定めることは、必ずしも容易とは言えない。

　例えば、小学生Ｃが事故被害者になった場合、通常小学生には収入（所得）がない。しかし、事故前に収入がなかったからといって、Ｃの基礎収入額が０円とされるわけではない。このような場合は、賃金センサスの示す年収額を一つの目安とするとされている。

(2)　**被害者の職業（属性）に応じた分類方法**

　一口に被害者といっても、具体的には様々であり、前記の計算式が基本となるとしても、色々な角度から分析することができる。年齢、職業、性別などによる区分である。

　最もオーソドックスな分類法として、被害者の職業又は属性によって区分するというものがあり、本書もそれに倣うこととする。

　本書においては、以下、「給与所得者（第１章）」、「事業所得者（第２章）」、「家事従事者（第３章）」、「学生（第４章）」、「無職者等（第５章）」という５つのものに分類した上で、参考となる判例を掲げるものとする。

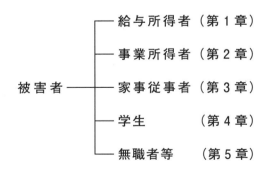

第2節　職業（属性）別の留意点

# 第2節　職業（属性）別の留意点

## 1　はじめに

　本書においては、前節で既に述べたとおり、被害者をその職業（又は属性）に従って、五つのものに分類する。その詳細は、第2章以下において明らかにするが、その前に、各職業（属性）ごとに、何が問題となるのかという点について、ポイントを簡潔に示すこととする。

## 2　各論

### ⑴　給与所得者

ア　**給与所得者**とは、公務員、民間企業に勤めるサラリーマン、公的団体の職員などのように、雇用主から決められた給与を受け取って生活している者をいう。

　給与所得者の基礎収入は、原則として、事故前の収入額によって認定される（2018年交通事故損害額算定基準95頁。以下、「青本」という。2019年損害賠償額算定基準上巻97頁。以下、「赤い本」という。）。

　例えば、給与所得者Aが被害者となった事故において、事故当時のAの年収が400万円であった場合は、400万円が基礎収入額となる。

　ただし、Aがいわゆる**若年労働者**（概ね30歳未満の者をいう。）であって、当該年収が賃金センサスの全年齢平均賃金よりも低額である場合、将来的に全年齢平均賃金又は学歴別平均賃金程度の収入を得られる蓋然性が認められれば、全年齢平均賃金又は学歴別平均賃金を基礎収入額とすることも認められる（いわゆる平成11年11月22日の**三庁提言**）。

イ　定年制度がある場合はどうか。第1に、定年間近の時点で賃金センサスを上回る年収を得ている場合は、定年以前の期間は当該年収をもっ

5

序　　章

て基礎収入とするが、定年以降の期間はそれよりも減額され、賃金セン
サスの年齢別平均賃金とされることが多い（青本96頁）。

　第2に、定年間近の時点で賃金センサスを下回る年収を得ている場合
は、定年以前の期間は当該年収をもって基礎収入とするが、定年以降の
期間はそれよりも若干減額された金額とされることが多い。

(2)　**事業所得者**

ア　自営業者、農林水産業者、自由業者などの**事業所得者**の基礎収入
は、税務署に対する**確定申告額**が基礎となる（青本100頁、赤い本101頁）。

　事業所得者において、実際には確定申告額を上回る所得があったこと
を主張することは違法ではないが、立証のハードルは高いと言える。

イ　事業が、事故に遭った事業所得者本人のみの力によるのではなく、
家族労働力を集合して運営されている場合、申告所得額に対し、本人の
寄与割合を乗じたものをもって、本人の基礎収入額とする取扱いが一般
的である（青本100頁、赤い本101頁）。ただし、寄与割合を適正に認定す
ることは、必ずしも容易ではない。

ウ　確定申告額が、事業所得者を含む家族全員の平均的な生活を営むこ
とが困難と思われるほど低額の場合は、賃金センサスの平均賃金を参考
として、その何割かの金額が基礎収入額と認定されることがある（青本
101頁）。

エ　事業所得者が、当該事業を立ち上げて間もなく事故に遭ったような
場合、確定申告額が僅少であったり、あるいは赤字の状態にあったりす
ることも多い。このような場合は、当該事業を開業する以前の本人の収
入実績が比較的重視される傾向にあるが、それ以外にも、同人の学歴、
経験、資格、特殊技能の有無などに着目して、平均賃金が得られた蓋然
性の程度を推測し、基礎収入額が認定されることが多い。

(3)　**家事従事者**

ア　**家事従事者**つまり**主婦**の場合は、賃金センサス女子労働者の全年齢

6

平均賃金の額をもって基礎収入とされることが極めて多い（青本102頁、赤い本105頁）。

イ　ただし、**高齢主婦**の場合は、女子労働者の年齢別平均賃金によって算定されることが多い。

(4)　**学生**

ア　**学生**の場合、男子と女子で取扱いが異なる。

　男子の場合は、男子全年齢平均賃金が基礎収入とされるのが一般的である。ただし、同じ男子であっても、学歴によって異なる取扱いがされ、現に4年制大学の学生の場合は大卒の平均賃金が適用されるが、高校生の場合は学歴計又は高卒の平均賃金が適用されることが多い。

イ　これに対し、女子の場合は、4年制大学の学生の場合は女子大卒平均賃金が、また、高校生の場合は、原則として男女計学歴計全年齢平均賃金が、それぞれ適用されることが多い。

(5)　**無職者等**

ア　**無職者等**の場合、事故当時に、たまたま収入がなかった場合であっても、その状態が将来的に継続されると見込まれる場合を除き、原則的に逸失利益が肯定されている。

イ　なお、いわゆる高齢無職者の場合は、過去の稼働実績、事故当時の年齢、生活状況、健康状態などを考慮した上で、賃金センサス年齢別平均賃金を参考にして、その何割かの額が基礎収入として認められることがある。

# 第１章　給与所得者

第1節　会社役員

# 第1節　会社役員

【1－1－1】株式会社の代表取締役であり、印刷機器の販売等の業務
　　に従事していた事故時68歳の男性について、休業損害及び逸失利益
　　算定の基礎収入を、事故前の役員報酬の額とした事例

（東京地判平28・11・17交民49・6・1359　森冨義明裁判官ほか）

## ＜判決の概要＞

| 被害者 | 事　故　日 | 平成22年12月26日 |
|---|---|---|
| | 年　　　齢 | 事故時68歳 |
| | 性別・職業 | 男性・会社役員 |
| 算　定　の　基　礎　収　入　額 | | |
| 休　業　損　害 | | 年額1,080万円（事故前の役員報酬の額） |
| 逸　失　利　益 | | 同上 |

## 1　当事者の主張

### (1)　原告の主張

　被害者（承継前原告）は、印刷機器の販売等の業務に従事し、会社か
ら役員報酬として、1,080万円の支払を受けていた。同会社は被害者の
いわゆる一人会社であって、役員報酬は全てその労務提供の対価であ
る。また、本件事故後、役員報酬は720万円に減額されている。よって、
その休業損害及び逸失利益は、事故前の役員報酬額を基礎収入として算
定するべきである。

### (2)　被告の主張

　被害者（承継前原告）の役員報酬は労務提供の対価とはいえない。ま
た、会社は本件事故後もその事業を継続し、利益を計上しているから、

11

第1章　給与所得者

被害者に減収の事実はない。よって、休業損害も逸失利益も認められない。

## 2　解説

被害者は、いわゆる**一人会社の代表取締役**である。

判決は、被害者が会社から支払を受けていた役員報酬年額1,080万円（月額90万円）について、家族が経理事務を手伝うほかは被害者が単独で業務を行っていたことから、全額を労務提供の対価（逸失利益算定の基礎収入）と認めた。

## 【1－1－2】父が経営する会社の取締役をしていた事故時26歳の男性について、死亡による逸失利益算定の基礎収入を、事故前の役員報酬の7割の額とした事例

（大阪地判平28・11・29交民49・6・1389　梅澤利昭裁判官）

### ＜判決の概要＞

| | | | |
|---|---|---|---|
| 被害者 | 事　故　日 | 平成24年3月12日 | 死亡事故 |
| | 年　　　齢 | 事故時26歳 | |
| | 性別・職業 | 男性・会社役員 | |
| 算　定　の　基　礎　収　入　額 | | | |
| 逸　失　利　益 | | 年額1,276万8,000円（事故前年の役員報酬1,824万円の7割） | |

## 1　当事者の主張

(1)　原告の主張

被害者は、訴外C社の取締役であり、新規事業を開拓したり新規顧客を獲得したりすることで訴外C社の売上高及び利益を飛躍的に増大させた。よって、被害者の事故前年の収入1,824万円の少なくとも8割に相

12

第1節　会社役員

当する1,459万2,000円が、労務対価分として基礎収入と認められるべきである。

(2)　被告の主張

　C社は、被害者の父である原告が経営する同族会社であり、本件事故当時、被害者が26歳であったことからすると、被害者の収入の労働対価の割合は非常に低いものである。

## 2　解説

　被害者は、父親が経営する会社の**取締役**である。

　判決は、同社は、本件事故当時、従業員数が数十名、売上高7億6,000万円余り、営業利益9,000万円余りの運輸会社であると認めた上で、諸般の事情を考慮して、被害者の労務対価分を、役員報酬1,824万円の7割に当たる1,276万8,000円と認定した。

## 【1－1－3】法人成りした会社の代表取締役であるが、実態は個人事業当時と変わらず現場での作業を行っている男性について、休業損害算定の基礎収入を、事故前年の役員報酬の額とした事例

（横浜地判平28・9・14交民49・5・1137　市村弘裁判官）

### ＜判決の概要＞

| 被害者 | 事　故　日 | 平成26年8月19日 |
|---|---|---|
| | 年　　　齢 | 年齢不明 |
| | 性別・職業 | 男性・会社役員 |
| 算　定　の　基　礎　収　入　額 | | |
| 休　業　損　害 | | 年額228万円（事故前の役員報酬の額） |

## 1　当事者の主張

(1)　原告の主張

13

第1章　給与所得者

原告会社の代表取締役である原告丁野は、個人事業当時と変わらず現場作業もしており、本件事故で作業時間が減少したため業務に著しい支障が生じた。そのため、役員報酬の支払が額面どおりできず、原告丁野には休業損害が発生しており、その額は、事故前年度の役員報酬の額228万円を基礎として計算すべきである。

(2)　被告の主張

原告会社は純粋な家族経営ではなく、原告会社の売上が減少したことの主張・立証もないから、原告丁野には、報酬請求権に係る休業損害はない。

## 2　解説

被害者は、建築現場での下請け等を業とする会社の**代表取締役**である。

判決は、同社は、被害者の個人自営業が法人成りした会社にすぎず、被害者が他の従業員と現場で作業していたことなどの事実関係から、本件事故前年の役員報酬額228万円は、全てが労務対価分であると認めた。


## 【1－1－4】家族会社（個人会社）の取締役であり、経営者としての通常業務のほか、工作機械のメンテナンス・販売等に従事していた事故時75歳の男性について、休業損害及び逸失利益算定の基礎収入を、賃金センサス男子学歴計70歳以上平均賃金とした事例

（横浜地判平28・5・27交民49・3・672　市村弘裁判官）

### ＜判決の概要＞

| 被害者 | 事　故　日 | 平成25年7月6日 |
|---|---|---|
| | 年　　　齢 | 事故時75歳 |
| | 性別・職業 | 男性・会社役員 |

第 1 節　会社役員

| 算　定　の　基　礎　収　入　額 | |
|---|---|
| 休　業　損　害 | 年額336万1,700円（平成25年賃金センサス男子学歴計70歳以上平均賃金） |
| 逸　失　利　益 | 同上 |

## 1　当事者の主張

(1)　原告の主張

　原告は、本件事故前から会社のために自己の給与を月額8万円に抑えてきており、その額は実態を反映していないから、休業損害及び逸失利益は、平成24年賃金センサス男女学歴計全年齢平均賃金472万6,500円を基礎収入として算定するべきである。

(2)　被告の主張

　争う。

## 2　解説

　被害者は、工作機械販売及び修理メンテナンスを行う会社の**取締役**である。

　判決は、同社は被害者の個人会社であり、同人の役員報酬年額96万円は労働対価分を正確に反映したものではないと判断した上で、会社の売上や利益状況等を考慮し、基礎収入を336万1,700円と認定した。

【1－1－5】従業員2名程度の会社の代表取締役として3か月間稼働していたが、前職の収入実態が明らかでない男性について、休業損害算定の基礎収入は役員報酬とし、逸失利益算定の基礎収入を賃金センサス男子高卒45～49歳平均賃金とした事例

（松山地判今治支部平28・2・9交民49・1・136　古市文孝裁判官）

15

第1章　給与所得者

＜判決の概要＞

| | | |
|---|---|---|
| 被 害 者 | 事 故 日 | 平成24年7月7日 |
| | 年　　齢 | 不明 |
| | 性別・職業 | 男性・会社役員 |
| 算 定 の 基 礎 収 入 額 | | |
| 休 業 損 害 | | 日額1万6,483円（事故前の役員報酬3か月分150万円を91日で除した額） |
| 逸 失 利 益 | | 年額544万4,500円（平成24年賃金センサス男子高卒45～49歳平均賃金） |

## 1　当事者の主張

(1)　原告の主張

　原告は、不用品の回収を業とする零細企業で代表取締役を務め、事故前3か月間は役員報酬月額50万円を受領しており、年額600万円を受領するはずであった。しかし、本件事故による休業期間中、役員報酬は支給されず、その後は役員報酬が減額された。よって、休業損害及び逸失利益は、年額600万円を基礎収入として算定するべきである。

(2)　被告の主張

　役員報酬は、労務提供の対価部分に限り基礎収入となるところ、原告の休業損害及び逸失利益算定のための基礎収入は月額20万円とすべきである。

## 2　解説

　被害者は、不用品回収等を業とする会社の**代表取締役**である。

　判決は、被害者が会社から受領していた役員報酬月額50万円（日額1万6,483円）を休業損害算定のための基礎収入とした。

　一方で、同人の以前の収入実態が明らかでないなどの理由から、後遺障害逸失利益算定の基礎収入として、上記金額を採用することは相当性

第 1 節　会社役員

を欠くとして、平成24年賃金センサス高卒45歳から49歳までの年額544万4,500円を採用した。

## 【1−1−6】会社の代表取締役をしていた事故時42歳の男性について、逸失利益を、事故前3年間の平均報酬額で算定した事例

（大阪地判平26・9・19交民47・5・1175　相澤千尋裁判官）

### ＜判決の概要＞

| 被害者 | 事　故　日 | 平成22年4月29日 死亡事故 |
| | 年　　　齢 | 事故時42歳 |
| | 性別・職業 | 男性・会社役員 |
| 算　定　の　基　礎　収　入　額 | | |
| 逸　失　利　益 | | 年額1,717万5,000円（事故前年の役員報酬3年間の平均額） |

## 1　当事者の主張

(1)　原告の主張

　亡男は、会社における、いわゆる雇われ社長であり、会社の利益処分を差配できる立場にはなかったこと、また、実際の給与は毎月一定額であり、利益処分的に支払われている給料ではないことなどから、収入全額が労務対価であることが分かる。

　よって、亡男の逸失利益は、事故年の5月から翌年3月までの給料2,160万円を基礎にして算定すべきである。

(2)　被告の主張

　逸失利益算定の基礎収入は、労働対価部分に限定されるところ、亡男の収入は、代表取締役としての役員報酬であり、労働対価に加えて利益処分的要素が多分に含まれていたから、亡男の基礎収入は、せいぜい賃

**17**

第1章　給与所得者

金センサス年齢別平均賃金によるべきである。

## 2　解説

　被害者は、別人Ａが全ての実権を握るスーパーマーケット関連の会社の**代表取締役**である。

　判決は、被害者は同社の経営判断や役員報酬の決定には関与していなかったが、同社の業務の重要な部分を担っていたことから、同人が得ていた報酬は全て労務対価であったと認めた。一方で、別人Ａの判断次第で将来被害者の給与が減額される可能性もあり得ると判断し、平成19年から平成21年（事故前年）までの報酬を平均した1,717万5,000円を逸失利益算定の基礎収入とした。

**【１－１－７】会社の代表取締役をしていた事故時46歳の男性について、休業損害算定の基礎収入は賃金センサス男子学歴計45〜49歳平均賃金を日額に換算したものとし、逸失利益算定の基礎収入を、47歳から59歳までの13年間は賃金センサス男子学歴計45〜49歳平均賃金とし、その後5年間は同60〜64歳平均賃金とし、さらにその後2年間は同65〜69歳平均賃金とした事例**

（神戸地判平26・7・18交民47・4・915　田中智子裁判官）

### ＜判決の概要＞

| | | |
|---|---|---|
| **被 害 者** | **事　故　日** | 平成21年7月2日 |
| | **年　　　齢** | 事故時46歳 |
| | **性別・職業** | 男性・会社役員 |
| **算 定 の 基 礎 収 入 額** | | |

第1節　会社役員

| 休　業　損　害 | 日額1万8,214円（平成21年賃金センサス男子学歴計45〜49歳平均賃金664万8,300円を365日で除した額） |
|---|---|
| 逸　失　利　益 | 47〜59歳の13年間：年額662万5,500円（平成23年賃金センサス男子学歴計45〜49歳平均賃金）<br>60〜64歳の5年間：年額413万4,400円（平成23年賃金センサス男子学歴計60〜64歳平均賃金）<br>65〜66歳の2年間：年額363万7,800円（平成23年賃金センサス男子学歴計65〜69歳平均賃金） |

## 1　当事者の主張

(1)　原告の主張

　原告は、本件事故当時、有限会社の代表取締役として稼働し、平成20年には年額1,312万円、日額にすると3万5,945円の役員報酬があった。原告の役員報酬は、全額が労務対価であり、利益配当部分はない。よって、原告の休業損害は、日額3万5,945円を基礎に算定すべきである。

　また、原告は、平成19年には年額769万2,000円、平成20年には年額1,312万円の所得があったので、逸失利益算定の基礎収入としては、その平均値である年額1,040万6,000円を採用すべきである。

(2)　被告の主張

　休業損害につき、労務提供の対価部分に限り基礎収入となるところ、原告の休業損害及び逸失利益算定のための基礎収入は、月額20万円とすべきである。

## 2　解説

　被害者は、運送業とアルミ製品の加工仕上げ等を営む会社の**代表取締役**である。

　判決は、同社には被害者のほかに同人よりも15歳若い取締役がいたと指摘し、会社の業績が悪化すると被害者の報酬も下がるが、上記取締役

19

第1章　給与所得者

の報酬が下がることはないと分析した上で、被害者の報酬全額が労務の対価であるとは直ちに認められないと述べて、休業損害算定の基礎収入を平成21年賃金センサス男子学歴計45歳から49歳までの664万8,300円とした。

他方、逸失利益算定の基礎収入については3段階に分け、それぞれ662万5,500円（47歳から60歳までの13年間）、413万4,400円（61歳から65歳までの5年間）及び363万7,800円（66・67歳の2年間）とした。

## 【1－1－8】会社の代表取締役をしていた事故時45歳の男性について、逸失利益算定の基礎収入を、事故直近の役員報酬額の80％で算定した事例　（大阪地判平24・9・27交民45・5・1202　佐藤裕子裁判官）

### ＜判決の概要＞

| 被害者 | 事　故　日 | 平成20年8月2日　　　　　　　　　死亡事故 |
| | 年　　　齢 | 事故時45歳 |
| | 性別・職業 | 男性・会社役員 |
| 算　定　の　基　礎　収　入　額 | | |
| 逸　失　利　益 | | 年額672万円（事故直近の役員報酬額の80％） |

## 1　当事者の主張

(1)　原告の主張

亡男の逸失利益は、事故直近（第37期）の役員報酬額である840万円を基礎にして算定すべきである。

(2)　被告の主張

否認する。

## 2　解説

被害者は、同族会社の**代表取締役**である。

20

第1節　会社役員

　判決は、同社は被害者が中心的に業務を担当する同族会社であり、同人において役員報酬額を任意に決定することができたなどの事情から、同人の役員報酬額の全部を労働の対価と認めることはできないとした。その上で、平成20年賃金センサス男子高校卒45歳から49歳までの平均賃金が579万3,100円であること等にかんがみ、同人の逸失利益算定の基礎収入は、同人の役員報酬額の80％に相当する672万円とした。

第1章　給与所得者

# 第2節　正社員（公務員を含む）

【1－2－1】クレーンの運転等の業務に従事していた症状固定時34歳
　　の男性について、休業損害算定の基礎収入は事故前3か月間の給与
　　収入を3月で除した額とし、その逸失利益算定の基礎収入を事故前
　　年の年収とした事例

（神戸地判平28・12・13交民49・6・1477　本多久美子裁判官ほか）

### ＜判決の概要＞

| 被害者 | 事　故　日 | 平成21年10月26日 |
|---|---|---|
| | 年　　　齢 | 症状固定時34歳 |
| | 性別・職業 | 男性・会社員 |
| 算　定　の　基　礎　収　入　額 | | |
| 休　　業　　損　　害 | | 月額22万4,712円（事故前3か月間の給与収入67万4,137円÷3月、1円未満切捨て） |
| 逸　　失　　利　　益 | | 年額469万0,706円（事故前年の年収） |

## 1　当事者の主張

(1)　原告の主張

　休業損害は、日額7,490円（原告が本件事故前3か月間に支給された給与を90日で除したもの）を基礎収入として算定するべきである。

　また、逸失利益は、本件事故前はリーマンショックの影響で給与が抑えられていたことからすれば、本件事故前の年収ではなく、平成23年賃金センサス男子学歴計35～39歳平均賃金である524万9,900円を基礎収入として算定するべきである。

(2)　被告の主張

第2節　正社員（公務員含む）

　　休業損害の基礎収入の額については、争いなし（日額7,490円）。

　　逸失利益は、原告の本件事故発生前年の年収額である469万0,706円を基礎収入として算定するべきである。

## 2　解説

　　被害者は、クレーンの運転等に従事していた正社員である（**クレーン運転手**）。

　　判決は、被害者が、35歳男性の平均賃金である524万9,900円を基礎収入として逸失利益を算定すべきであると主張したのに対し、同人が高卒であり、平成20年（事故発生前年）の年収額469万0,706円が賃金センサス男子高卒全年齢平均年収に近いことから、同金額を基礎収入とするとした。

---

**【1－2－2】新聞配達員として稼働していた事故時29歳の男性について、死亡による逸失利益算定の基礎収入を、賃金センサス男子高卒25～29歳平均賃金とした事例**

（名古屋地判平28・12・21交民49・6・1531　加藤員祥裁判官）

### ＜判決の概要＞

| 被害者 | 事　故　日 | 平成25年7月3日　　　　　　　　　　死亡事故 | |
|---|---|---|---|
| | 年　　　齢 | 事故時29歳 | |
| | 性別・職業 | 男性・新聞配達員 | |
| 算　定　の　基　礎　収　入　額 | | | |
| 逸　失　利　益 | | 年額338万0,100円（平成25年賃金センサス男子高卒25～29歳平均賃金） | |

## 1　当事者の主張

(1)　原告の主張

23

第1章　給与所得者

逸失利益は、被害者が本件事故当時29歳の男性であり、若年労働者であったから、平成24年賃金センサス男子学歴計全年齢平均賃金である529万6,800円を基礎収入として算定するべきである。

(2)　被告の主張

被害者が、生涯を通じて賃金センサス男子学歴計全年齢平均賃金程度の収入を得られる蓋然性は、認められない。

### 2　解説

被害者は、新聞配達の仕事に従事していた正社員である（**新聞配達員**）。

判決は、被害者が、本件事故当時29歳の若年労働者であったこと、生涯を通じて新聞配達の仕事を継続したか否かは不明であること、健康面での問題があったことなどの事情を考慮して、平成25年（事故発生年）賃金センサスの男子高卒25歳から29歳までの平均賃金338万0,100円を逸失利益算定の基礎収入とした。

【1－2－3】バーの店長及び音楽専門学校講師として稼働し、バンド活動をしていた事故時36歳の男性について、死亡による逸失利益算定の基礎収入を、賃金センサス男子学歴計35～39歳平均賃金と事故前年の年収との中間値とした事例

（札幌地判平28・6・24交民49・6・1559　劔持亮裁判官）

<＜判決の概要＞>

| 被害者 | 事　故　日 | 平成24年11月19日 | 死亡事故 |
|---|---|---|---|
| | 年　　　齢 | 事故時36歳 | |
| | 性別・職業 | 男性・バーの店長及び音楽専門学校講師 | |
| 算　定　の　基　礎　収　入　額 | | | |

第2節　正社員（公務員含む）

| 逸　失　利　益 | 年額393万2,363円（平成24年賃金センサス男子学歴計35〜39歳平均賃金526万3,800円と、事故前年の収入260万0,926円との中間値） |
|---|---|

## 1　当事者の主張

(1)　原告の主張

　被害者には、バンド活動、音楽専門学校の講師及びバーの店長としての収入源があった。また、被害者の音楽専門学校の講師としての収入は、飛躍的に増加する蓋然性があった。さらに、被害者のバンドには実力と将来性があり、今後音楽活動で収益を上げていくことが見込まれていた。

　よって、逸失利益は、平成24年賃金センサス男子学歴計35〜39歳平均賃金である526万3,800円を基礎収入として算定するべきである。

(2)　被告の主張

　被害者の事故前年の収入は、合計260万0,926円である。被害者は、本件事故時36歳であり若年労働者には該当しないため、賃金センサスの平均賃金は適用されないし、将来平均賃金を得られる蓋然性もない。

## 2　解説

　被害者は、バーの店長兼音楽専門学校の講師である（**バー店長**）。

　判決は、被害者の本件事故前年の収入が、バーの店長の給与235万9,326円と音楽専門学校の講師報酬24万1,600円の合計額である260万0,926円であったことなどの事情から、逸失利益算定の基礎収入を、平成24年（事故発生年）賃金センサス男子全年齢平均賃金である526万3,800円と上記260万0,926円の中間値に当たる393万2,363円とした。

25

第1章　給与所得者

【1－2－4】　会社員として稼働していた事故時36歳の女性について、
　　死亡による逸失利益算定の基礎収入を、賃金センサス女子大卒35～
　　39歳平均賃金とした事例

（大阪地判平28・7・14交民49・4・869　梅澤利昭裁判官）

＜判決の概要＞

| 被害者 | 事　故　日 | 平成26年5月28日　　　　　　　　　死亡事故 |
| | 年　　　齢 | 事故時36歳 |
| | 性別・職業 | 女性・会社員 |
| 算　定　の　基　礎　収　入　額 | | |
| 逸　失　利　益 | | 年額475万8,400円（平成25年賃金センサス女子大卒35～39歳平均賃金） |

## 1　当事者の主張

(1)　原告の主張

　被害者は、本件事故で亡くならなければ、本件事故当時に勤務していた会社で更に上の地位に就くことが見込まれ、それに伴って昇給もしていたといえるから、逸失利益は、被害者が平成25年賃金センサス女子大卒35～39歳平均賃金である475万8,400円を基礎収入として算定するべきである。

(2)　被告の主張

　逸失利益は、被害者の事故前年の給与所得295万9,736円を基礎収入として算定するべきである。

## 2　解説

　被害者は、イベント設営会社の正社員である（**イベント会社社員**）。

　判決は、被害者が大学卒業後にイベント設営会社に入社し、本件事故前年には295万9,736円の給与所得があったこと、社内で昇進の見込みが

第2節　正社員（公務員含む）

あったこと、同女の収入によって同居する家族の家計が相当程度維持されていたことなどの事情から、逸失利益算定の基礎収入を、平成25年（事故発生前年）賃金センサス女子大卒35歳から39歳までの平均賃金である475万8,400円とした。

【1－2－5】警備員として稼働していた事故時76歳の男性について、死亡による逸失利益算定の基礎収入を、年額121万7,493円とした事例　　　（名古屋地判平28・7・15交民49・4・893　坪井宣幸裁判官）

＜判決の概要＞

| 被害者 | 事　故　日 | 平成26年7月16日 | 死亡事故 |
| | 年　　　齢 | 事故時76歳 | |
| | 性別・職業 | 男性・警備員 | |
| 算　定　の　基　礎　収　入　額 | | | |
| 逸　失　利　益 | | 年額121万7,493円 | |

## 1　当事者の主張

（1）　原告の主張

　　不明

（2）　被告の主張

　　不明

## 2　解説

　　被害者は、**警備員**である。

　　判決は、被害者の逸失利益（ただし、就労分）算定のための基礎収入を121万7,493円とした。

27

第1章　給与所得者

【1－2－6】会社員として稼働していた事故時43歳の男性について、死亡による逸失利益算定の基礎収入を、60歳までの17年間は事故前年の年収の額とし、60歳から67歳までの7年間は事故前年の年収の額の70％とした事例

（大阪地判平28・7・19交民49・4・927　毛利友哉裁判官）

＜判決の概要＞

| 被害者 | 事　故　日 | 平成24年11月4日 | 死亡事故 |
| | 年　　齢 | 事故時43歳 | |
| | 性別・職業 | 男性・会社員 | |
| 算　定　の　基　礎　収　入　額 | | | |
| 逸　失　利　益 | | 事故時から60歳までの17年間：年額839万4,392円（事故前年の年収）<br>60歳から67歳までの7年間：年額587万6,074円（事故前年の年収の70％） | |

## 1　当事者の主張

(1)　原告の主張

逸失利益は、事故時から67歳までの24年間、被害者の事故前年の年収である839万4,392円を基礎収入として算定するべきである。

(2)　被告の主張

逸失利益を算定するにあたり、60歳以降の基礎収入は、被害者の事故前年の年収の4割とするべきである。

## 2　解説

被害者は、**バス運行管理責任者**である。

判決は、被害者が本件事故前年である平成23年に、会社から839万4,392円の給与を得ていたこと、会社の定年年齢は60歳であり、定年退

28

第2節　正社員（公務員含む）

職者の60〜70％は再雇用されているが、その平均年収は40歳から44歳の平均年収の50％に満たないことなどの事情から、60歳までの17年間は上記839万4,392円を、その後の7年間は同金額の70％に当たる587万6,074円を、それぞれ逸失利益算定の基礎収入とした。

【1−2−7】会社員として稼働していた事故時50歳の男性について、死亡による逸失利益算定の基礎収入を、60歳までの10年間は事故前年の年収の額とし、60歳から67歳までの7年間は事故前年の年収の額の80％とした事例

（東京地判平27・11・30交民48・6・1464　松川まゆみ裁判官）

#### ＜判決の概要＞

| | 事　故　日 | 平成25年5月27日 | 死亡事故 |
|---|---|---|---|
| 被 害 者 | 年　　　齢 | 事故時50歳 | |
| | 性別・職業 | 男性・会社員 | |
| 算　定　の　基　礎　収　入　額 | | | |
| 逸　失　利　益 | | 事故時から60歳までの10年間：年額922万8,862円（事故前年の年収）<br>60歳から67歳までの7年間：年額738万3,089円（事故前年の年収の80％） | |

### 1　当事者の主張

(1)　原告の主張

　逸失利益は、事故時から67歳までの17年間、被害者の事故前年の年収である922万8,268円を基礎収入として算定するべきである。

(2)　被告の主張

　逸失利益を算定するにあたり、60歳以降の基礎収入は、被害者の事故

29

第1章　給与所得者

前年の年収の70％とするべきである。

## 2　解説

被害者は、**ハウスメーカー会社社員**である。

判決は、被害者の本件事故前年の年収が922万8,862円と認められることから、60歳までの10年間は同額を、また、それ以降の7年間については同額の80％に相当する738万3,089円を、それぞれ逸失利益（ただし、就労分）算定の基礎収入とした。

**【1－2－8】中学卒業後、夜間高校に通いながら、昼間は会社員として稼働していた折に事故に遭い、事故後、会社を休業した後に解雇され、その後コンビニエンスストアでアルバイトとして働いていた事故時18歳の男性について、逸失利益算定の基礎収入を、賃金センサス男子全学歴全年齢平均賃金とした事例**

（神戸地判平27・12・3交民48・6・1472　河本寿一裁判官）

### ＜判決の概要＞

| 被害者 | 事　故　日 | 平成24年3月5日 |
|---|---|---|
| | 年　　　齢 | 事故時18歳 |
| | 性別・職業 | 男性・事故時会社員、事故後アルバイト |
| 算　定　の　基　礎　収　入　額 | | |
| 休　業　損　害 | | 実額345万3,285円（双方に争いなし。） |
| 逸　失　利　益 | | 年額529万6,800円（平成24年賃金センサス男子学歴計全年齢平均賃金） |

## 1　当事者の主張

(1)　原告の主張

原告は、本件事故前は健康な男性であり、通信高校に通学しながら正

第2節　正社員（公務員含む）

社員として継続稼働中であったから、生涯を通じて平均賃金を得られる蓋然性が十分に見込めることから、逸失利益は、平成24年男子学歴計全年齢平均賃金の529万6,800円を基礎収入として算定するべきである。

(2)　被告の主張

　原告が若年者だからといってただちに平均賃金を採用するのではなく、平均賃金程度の収入を得られる蓋然性が必要であるところ、原告にはそれがないため、原告の事故前の収入である年額183万2,000円（給与13万6,000円×12か月＋賞与10万円×2回）を基礎に算定すべきである。また、原告の後遺障害は、一生涯の労働能力に影響するものではないから、仮に平均賃金を採用するとしても、全年齢平均ではなく、年齢別区分を採用すべきである。

## 2　解説

　被害者は、**菓子製造会社社員**である。

　判決は、被害者は、中学校を卒業後、平成21年4月1日、菓子製造会社に正社員として就職し、月額給与（額面）13万6,000円及び夏冬の賞与各10万円の収入を得ていたが、平成24年3月、定時制高校を卒業し、その後、平成25年9月頃に会社から解雇され、平成26年1月頃からコンビニでアルバイトとして稼働して月額給与12万円ないし14万円程度を得ていたことを認定した。その上で、被害者が、将来的に男性全学歴計平均賃金を「得られない蓋然性を窺うことができない」として、平成24年男子全学歴計平均賃金である529万6,800円を逸失利益算定の基礎収入とした。

31

第1章　給与所得者

【1－2－9】警察官として稼働していた事故時27歳の男性について、その休業損害は前年度の収入を基礎として、それに有給休暇分と減給分を加算し、逸失利益算定の基礎収入を賃金センサス男子学歴計全年齢平均賃金とした事例

（大阪地判平27・9・29交民48・5・1198　相澤千尋裁判官）

<＜判決の概要＞>

| 被害者 | 事　故　日 | 平成22年7月31日 |
| | 年　　　齢 | 事故時27歳 |
| | 性別・職業 | 男性・警察官 |
| 算　定　の　基　礎　収　入　額 | | |
| 休　業　損　害 | | 年額488万8,819円 |
| 逸　失　利　益 | | 年額523万0,200円（平成22年賃金センサス男子学歴計全年齢平均賃金） |

## 1　当事者の主張

(1)　原告の主張

　原告の休業損害は、前年度の収入から日額を算出し、有給休暇を使った日数分の給料と減給された給料の合計にすべきである。

　また、逸失利益は、原告は事故当時27歳と若年であり、将来、男子学歴計全年齢平均賃金を得られる蓋然性があったので、平成22年男子学歴計全年齢平均賃金である523万0,200円を基礎とすべきである。

(2)　被告の主張

　原告は公務員であるから、事故後も失職することなく、事故以前とほぼ変わらない収入を得ているはずであるから、逸失利益は認められない。仮に認めるにしても、事故前の実収入を基礎に算定すべきである。

第2節　正社員（公務員含む）

## 2　解説

被害者は、**警察官**である。

判決は、被害者が、本件事故前である平成21年に、488万8,819円の収入を得ていたところ、症状固定後の平成24年ないし平成25年においても、被害者の年収は407万円余りないし418万円と大幅には減少していないが、それは同人の特別の努力により維持されていたものと認め、男子学歴計全年齢平均賃金（523万0,200円）により逸失利益を算定するのが相当であるとした。

【1－2－10】自動車整備士として稼働していた事故時25歳の男性について、休業損害算定の基礎収入は事故前3か月分の給与を稼働日数で割った金額とし、逸失利益算定の基礎収入を賃金センサス男子学歴計25〜29歳平均賃金とした事例

（大阪地判平27・8・26交民48・4・997　市村弘裁判官）

### ＜判決の概要＞

| 被害者 | 事　故　日 | 平成20年9月1日 |
| --- | --- | --- |
| | 年　　　齢 | 事故時25歳 |
| | 性別・職業 | 男性・自動車整備士 |
| 算　定　の　基　礎　収　入　額 | | |
| 休　　業　　損　　害 | | 日額1万1,518円 |
| 逸　　失　　利　　益 | | 年額393万4,200円（平成23年賃金センサス男子学歴計25〜29歳平均賃金） |

## 1　当事者の主張

(1)　原告の主張

原告の休業損害は、事故前3か月分の給料を稼働日数で除したもの

33

第1章　給与所得者

に、有給休暇日数分及び欠勤日数分を乗じた金額と、賞与減額分の合計にすべきである。

　また、逸失利益は、原告は事故当時25歳と若年であり、将来、男子学歴計全年齢平均賃金を得られる蓋然性があったので、平成19年男子学歴計全年齢平均賃金である554万7,200円を基礎とすべきである。

(2)　被告の主張

　原告の逸失利益は、事故前年の平成19年度年収331万4,695円を基礎に算出すべきである。

## 2　解説

　被害者は、**自動車整備士**である。

　判決は、被害者の本件事故前年である平成19年度の収入は、331万4,695円にすぎないことから、症状固定時である平成23年度の男子学歴計25歳から29歳までの年収である393万4,200円を逸失利益算定の基礎収入とした。

【１－２－11】**定年退職後、会社を設立して自ら代表取締役に就いていた症状固定時65歳の男性について、逸失利益を、賃金センサス男子学歴計65～69歳平均賃金で算定した事例**

（東京地判平27・3・10交民48・2・358　家入美香裁判官）

### ＜判決の概要＞

| 被害者 | 事　故　日 | 平成23年3月11日 |
|---|---|---|
| | 年　　　齢 | 症状固定時65歳 |
| | 性別・職業 | 男性・代表取締役 |
| 算　定　の　基　礎　収　入　額 | | |

第2節　正社員（公務員含む）

| 逸　失　利　益 | 年額362万4,300円（平成24年賃金センサス男子学歴計65～69歳平均賃金） |
|---|---|

## 1　当事者の主張

（1）　原告の主張

　原告は、定年退職前年度には1,704万8,145円の給与を得ており、全生涯を通じて平均賃金相当の収入を得られる蓋然性があったから、逸失利益の基礎収入は、平成24年賃金センサス男子学歴計全年齢平均賃金の529万6,800円の85％である450万2,280円を下回らない。

（2）　被告の主張

　原告に後遺障害が生じたと認められる余地はないから、逸失利益は認められない。

## 2　解説

　被害者は、定年退職後に起業した**代表取締役**である。

　判決は、被害者の年齢（症状固定時65歳）、会社設立以降本件事故までの同人の収入状況が明らかでないことから、逸失利益算定の基礎収入を平成24年の賃金センサス65歳から69歳までの362万4,300円とした。

## 【1－2－12】会社員として稼働していた事故時43歳の男性について、逸失利益を、定年を迎える60歳までは事故前年の年収を基礎に算定し、その後67歳までについては賃金センサス男子学歴計60～64歳平均賃金で算定した事例

（京都地判平27・6・15交民48・3・728　比嘉一美裁判官）

35

第1章　給与所得者

＜判決の概要＞

| | | | |
|---|---|---|---|
| **被害者** | **事　故　日** | 平成24年10月4日 | 死亡事故 |
| | **年　　　齢** | 事故時43歳 | |
| | **性別・職業** | 男性・会社員 | |
| **算　定　の　基　礎　収　入　額** | | | |
| **逸　失　利　益** | 事故時から60歳までの16年間：年額1,206万7,200円（事故前年の年収）<br>60歳から67歳までの7年間：年額409万2,900円（平成24年賃金センサス男子学歴計60〜64歳平均賃金） | | |

## 1　当事者の主張

(1)　原告の主張

　亡男は、定年までは、さらに昇給する可能性があったこと、また、定年後も月給20万円で再雇用される可能性が高かったことを考慮すると、亡男の逸失利益は、事故前年の収入1,206万7,200円を基礎収入として算定すべきである。

(2)　被告の主張

　職務等級に応じて支給される手当や昼食補助費は、定年まで継続的に支給されるとは限らないこと、会社の株式購入資金補助金は、賃金とは性質を異にすることから、いずれも基礎収入額から控除されるべきである。

　また、亡男が61歳から67歳までの7年間については、基礎収入を月額20万円として算定すべきである。

## 2　解説

　被害者は、**製薬会社社員**である。

　判決は、被害者の本件事故前年の年収が1,206万7,200円であり、今後も昇給の可能性が高いこと、同人が希望すれば定年後の再雇用も可能で

36

第 2 節　正社員（公務員含む）

あったことなどの理由から、60歳までの16年間は、基礎収入を1,206万
7,200円とし、また、61歳から67歳までの 7 年間は、基礎収入を賃金セ
ンサス男子学歴計60歳ないし64歳の平均賃金である409万2,900円とし
た。

【1 － 2 －13】事故後、定年前に警察官を退職し、交通相談員の仕事を
　　していた症状固定時59歳の男性について、休業損害算定の基礎収入
　　は給料減収分と職場への返納分の合計額とし、逸失利益算定の基礎
　　収入を交通相談員の年収とした事例

（神戸地判平27・ 1 ・29交民48・ 1 ・206　松井千鶴子裁判官）

＜判決の概要＞

| 被害者 | 事　故　日 | 平成20年10月22日 |
| | 年　　　齢 | 症状固定時59歳 |
| | 性別・職業 | 男性・警察官 |
| 算　定　の　基　礎　収　入　額 | | |
| 休　業　損　害 | | 年額155万8,715円 |
| 逸　失　利　益 | | 年額164万2,842円 |

## 1　当事者の主張

(1)　原告の主張

　原告の休業損害の算定は、前年の同じ期の支給額457万0,332円から休
業期間支給給与額348万9,714円及び過払返納金（給与、地域手当）47万
8,097円を除した金額155万8,715円を基礎として算定すべきである。

　原告の逸失利益の算定は、症状固定時の年齢である59歳から60歳まで
は、平成20年（事故年）源泉徴収票の所得974万2,357円を基礎とし、ま
た、60歳から67歳までは、平成20年賃金センサス男子学歴計60～64歳平

第1章　給与所得者

均賃金435万3,400円を基礎として、それぞれ算定すべきである。

⑵　被告の主張

休業損害について、言及なし。

原告は、症状固定時には警察官を退職しており、症状固定後の再就職先において減収は認められないから、逸失利益は生じていない。

### 2　解説

被害者は、**警察官**である。

判決は、被害者が、本件事故発生年（平成20年）の翌年に当たる平成21年3月に定年前の退職を考えていたこと及び、勤務先から紹介してもらうことのできる仕事は本件事故後に実際に就いた交通相談員の仕事などであったことに照らし、逸失利益算定の基礎収入を、交通相談員の仕事の年収181万5,600円とした。

---

【1－2－14】システムエンジニアとして稼働していた事故時45歳の男性について、逸失利益を、定年を迎える60歳までは事故年の年収を修正したものを基礎に算定し、その後67歳までは賃金センサス男子大卒60〜64歳平均賃金で算定した事例

（横浜地判平26・11・6交民47・6・1385　餘多分亜紀裁判官）

### ＜判決の概要＞

| 被害者 | 事　故　日 | 平成22年11月16日 | 死亡事故 |
|---|---|---|---|
| | 年　　　齢 | 事故時45歳 | |
| | 性別・職業 | 男性・システムエンジニア | |
| 算　定　の　基　礎　収　入　額 | | | |

第2節　正社員（公務員含む）

| 逸　失　利　益 | 事故時から60歳までの15年間：年額1,444万4,667円（事故年の年収を修正したもの）<br>60歳から67歳までの7年間：年額595万5,100円（平成22年賃金センサス男子大卒60～64歳平均賃金） |
|---|---|

## 1　当事者の主張

(1)　原告の主張

　亡男は、67歳まで22年間就労するとして、平成22年度の年収1,509万6,800円を基礎収入として逸失利益を算出すべきである。

(2)　被告の主張

　亡男は会社員であり、60歳で一旦定年となり、その後基礎収入が激減することが一般的であるところ、生涯賃金のピークに近い45歳時の収入を基礎として67歳までの逸失利益を算定することは明らかに不当である。61歳以降は、死亡時の平成22年賃金センサス男子大卒60～64歳平均賃金595万5,100円を基礎として算出すべきである。

## 2　解説

　被害者は、**システムエンジニア**である。

　判決は、被害者の本件事故当時の年収が1,444万0,667円であったこと、会社における定年後の年俸見込額が500万円であることから、45歳から60歳までの15年間は1,444万0,667円を、60歳から67歳までの7年間については男子大卒60～64歳平均賃金（595万5,100円）を基礎収入とするとした。

---

【1－2－15】会社員（部長職）として稼働していた事故時52歳の男性について、逸失利益を、定年を迎える60歳までは事故前年の年収を基礎に算定し、その後67歳までについては賃金センサス男子大卒60～64歳平均賃金で算定した事例

第1章　給与所得者

（さいたま地判平26・12・19交民47・6・1559　脇由紀裁判官）

### ＜判決の概要＞

| 被害者 | 事　故　日 | 平成24年11月28日　　　　　　　　　死亡事故 |
| --- | --- | --- |
| | 年　　　　齢 | 事故時52歳 |
| | 性別・職業 | 男性・会社員（部長職） |
| 算　定　の　基　礎　収　入　額 | | |
| 逸　失　利　益 | | 事故時から60歳までの8年間：年額1,747万0,768円<br>60歳から67歳までの7年間：年額607万7,500円（平成23年賃金センサス男子大卒60〜64歳平均賃金） |

## 1　当事者の主張

(1)　原告の主張

　亡男は、67歳まで22年間就労するとして、事故前年である平成22年度の年収1,747万0,768円を基礎収入として逸失利益を算出すべきである。

(2)　被告の主張

　賃金センサスによると、50〜54歳が最も所得の多い時期であり、それ以降は減額していく。また、亡男の収入には、単身赴任を前提とした別居手当や住宅補助が含まれているから、手当てや補助（年間合計83万7,600円）を除いた、1,663万3,168円を基礎として逸失利益を算出すべきである。

## 2　解説

　被害者は、**会社部長**である。

　判決は、被害者の本件事故前の年収が1,747万0,768円であったことから、定年年齢である60歳まではこれを逸失利益算定の基礎収入とした。他方、60歳から67歳までは、基礎収入を賃金センサス男子大卒60〜64歳平均賃金である607万7,500円とした。

第2節　正社員（公務員含む）

## 【1－2－16】会社員として稼働していた事故時39歳の男性について、逸失利益を、事故前3年分の給与の平均額を基礎に算定した事例

（名古屋地判平26・12・19交民47・6・1584　戸田彰子裁判官）

### ＜判決の概要＞

| 被害者 | 事　故　日 | 平成24年11月15日 | 死亡事故 |
|---|---|---|---|
| | 年　　　齢 | 事故時39歳 | |
| | 性別・職業 | 男性・会社員 | |
| 算　定　の　基　礎　収　入　額 | | | |
| 逸　失　利　益 | | 年額540万0,562円（事故前3年分の給与の平均額） | |

### 1　当事者の主張

(1)　原告の主張

　亡男は、大学を卒業後株式会社Ｂに就職し、事故当時は子会社Ｃの営業課長として働いていた。事故時の年収は517万7,000円であったが、平成27年には部長に昇進して、年収650万円に昇給する予定であった。

　よって、亡男の逸失利益は、実収入と乖離の小さい平成24年賃金センサス男子大卒35～39歳平均賃金の617万3,700円を基礎収入として算出すべきである。

(2)　被告の主張

　基礎収入は、亡男の実収入である517万7,000円とすべきである。

### 2　解説

　被害者は、**中小アパレルメーカー営業社員**である。

　判決は、被害者が勤務する会社が従業員約50名の中小企業であり、その業績は景気の影響を受けやすいとした上で、同人の本件事故前3年間の給与収入の平均額540万0,562円をもって逸失利益算定の基礎収入とした。

41

第1章　給与所得者

　なお、被害者の男子大卒平均賃金617万3,700円を基礎収入とすべきであるという主張に対しては、同人の年齢及び実収入との差が少なくないことを理由にこれを退けた。

## 【1－2－17】会社員として稼働していた症状固定時27歳の女性について、休業損害算定の基礎収入は給料の日額分とし、逸失利益算定の基礎収入を賃金センサス女子学歴計全年齢平均賃金とした事例

（大阪地判平26・9・19交民47・5・1161　相澤千尋裁判官）

### ＜判決の概要＞

| 被害者 | 事　故　日 | 平成19年4月25日 |
|---|---|---|
|  | 年　　　　齢 | 症状固定時27歳 |
|  | 性別・職業 | 女性・会社員 |
| 算　定　の　基　礎　収　入　額 | | |
| 休　業　損　害 | | 日額6,767円 |
| 逸　失　利　益 | | 年額348万9,000円 |

## 1　当事者の主張

(1)　原告の主張

　原告の休業損害の算定は、原告の実収入を日額に換算した6,767円を基礎として算定すべきである。

　原告の逸失利益の算定は、平成21年賃金センサス女子学歴計全年齢平均賃金である348万9,000円を基礎として算定すべきである。

(2)　被告の主張

　休業損害算定の基礎収入について言及なし。

　逸失利益の算定の基礎収入は、本件事故前の実収入によるべきである。

第2節　正社員（公務員含む）

## 2　解説

　被害者は、**女性販売員**である。

　判決は、被害者の本件事故前の収入を日額6,767円（年額246万9,955円）と認定したが、症状固定時の年齢が27歳と若年であったことから、逸失利益算定の基礎収入を、平成21年賃金センサス女子全年齢平均賃金である348万9,000円とした。

## 【1－2－18】保育士として稼働していた事故時31歳の女性について、逸失利益を、賃金センサス女子高専・短大卒全年齢平均賃金を基礎に算定した事例

（千葉地判平26・9・25交民47・5・1224　瀬戸啓子裁判官）

### ＜判決の概要＞

| 被害者 | 事　故　日 | 平成23年8月4日　〔死亡事故〕 |
|---|---|---|
| | 年　　　齢 | 事故時31歳 |
| | 性別・職業 | 女性・保育士 |
| 算　定　の　基　礎　収　入　額 | | |
| 逸　失　利　益 | | 年額383万0,600円（平成23年賃金センサス女子高専・短大卒全年齢平均賃金） |

## 1　当事者の主張

(1)　原告の主張

　原告は、短大卒業後、保育士として勤務し、出産のため一時退職したが、本件事故直前に再び保育士として採用され、勤務を始めたところであった。亡女がこの先、就労可能年数まで勤務を続けていれば、収入が上がったことは明らかであるから、少なくとも、高専・短大卒の平均賃金は得られた蓋然性はある。よって、亡女の逸失利益は、平成23年賃金

43

第1章　給与所得者

センサス女子高専・短大卒全年齢平均賃金383万0,600円を基礎として算定すべきである。

(2)　被告の主張

　亡女の事故直前の収入は、おおよそ320万円程度であったが、当時31歳であったことから、今後収入が2割程度も増加する蓋然性があるとは言い難い。よって、亡女の逸失利益は、実収入である320万円を基礎に算定すべきである。

## 2　解説

　被害者は、**保育士**である。

　判決は、被害者が、平成23年4月に保育士としてS市に採用され、その直後に本件事故に遭ったものであり、当時の年収は320万円程度であったと認めた上、一般に採用初年度の給与は低額になること、同女には過去に保育士としての就労歴があることから、今後、給与の増加が見込まれるとして、逸失利益算定の基礎収入を、平成23年女子高専・短大卒全年齢平均賃金の383万0,600円とした。

【1－2－19】会社員として稼働していた事故時36歳の女性について、休業損害算定の基礎収入は給料の日額分とし、逸失利益算定の基礎収入については事故前年度の所得を参考に、年額260万円とした事例

（大阪地判平26・8・27交民47・4・1050　石原稚也裁判官ほか）

### ＜判決の概要＞

| 被害者 | 事　故　日 | 平成24年10月13日 |
|---|---|---|
| | 年　　　齢 | 事故時36歳 |
| | 性別・職業 | 女性・会社員 |

第2節 正社員（公務員含む）

| 算 定 の 基 礎 収 入 額 | |
|---|---|
| 休 業 損 害 | 日額5,746円 |
| 逸 失 利 益 | 年額260万円 |

## 1 当事者の主張

(1) 原告の主張

　原告の休業損害は、原告の事故前3か月（92日）の実収入を日額に換算した5,746円を基礎として算定すべきである。

　原告は、事故当時36歳であり結婚願望が強く、40歳までには結婚したいと考えていた。そこで、原告の結婚の蓋然性を考えると、①結婚歴がなく普通のOLであるため結婚の障害がなく、②几帳面な性格で主婦向きの性格であり、③美人で男性に受け入れられやすいタイプだったことからして、将来結婚する蓋然性は高いといえる。よって、逸失利益の算定は、40歳までは事故前年度所得（251万8,533円）、40歳以降67歳までは平成23年女子学歴計全年齢平均賃金355万9,000円を基礎として算定するのが相当である。

(2) 被告の主張

　休業損害については争わない。

　逸失利益の算定につき、40歳以降の算定については争う。基礎収入に賃金センサスを用いる要件のうちの一つに、若年であることが挙げられる。原告は症状固定時に37歳であるから、その要件を満たさない。また、原告の事故前の生活状況からは、原告が結婚する蓋然性が高いとも言えないので、原告の逸失利益算定の基礎収入は、事故前の現実収入に拠るべきである。

## 2 解説

　被害者は、**女性会社員**である。

　判決は、被害者の本件事故前年度（平成23年）の所得が251万8,533円

45

第 1 章　給与所得者

であり、同女の症状固定時の年齢が37歳であるとした上で、同女の上記
年収が同年の賃金センサス女性中卒年齢別の平均賃金に比較的近いこと
を理由に、症状固定時（平成25年）の女子中卒年齢別平均賃金を考慮し、
年額260万円をもって逸失利益算定の基礎収入とした。

【1－2－20】重機オペレーターの資格を有する土木作業員として稼働
　　していた事故時57歳の男性について、休業損害算定の基礎収入は給
　　料の日額分とし、逸失利益算定の基礎収入を賃金センサス男子高卒
　　全年齢平均賃金とした事例

（福井地判平25・12・27交民46・6・1654　樋口英明裁判官）

<判決の概要>

| 被害者 | 事　故　日 | 平成16年12月3日 |
|---|---|---|
| | 年　　　　齢 | 事故時57歳 |
| | 性別・職業 | 男性・土木作業員 |
| 算　定　の　基　礎　収　入　額 | | |
| 休　業　損　害 | | 日額5,746円 |
| 逸　失　利　益 | | 年額490万1,300円（平成16年賃金センサス男子高卒全年齢平均賃金） |

## 1　当事者の主張

(1)　原告の主張

　原告の休業損害及び逸失利益の算定は、平成16年賃金センサス男子55
～59歳平均賃金626万9,400円を基礎に算定すべきである。

(2)　被告の主張

　原告の事故年の収入は、11か月間で251万4,000円であるから、休業損
害算定の基礎収入は、そこから割り出した日額7,618円を基礎に算定す

46

第2節　正社員（公務員含む）

べきである。

　また、前記11か月の収入から年収を換算すると、年収274万2,545円と
なるので、逸失利益算定の基礎収入は、それを基礎として算出すべきで
ある。

## 2　解説

　被害者は、**土木作業員**である。

　判決は、被害者の本件事故当時の収入日額は7,618円であると認定し
たが、同人が重機オペレーターの資格を有していることから、逸失利益
算定の基礎収入は、平成16年賃金センサス男子高卒の平均賃金である
490万1,300円とした。

---

【1－2－21】事故時は銀行員として稼働していて、症状固定後に転籍
　　かつ減収となった症状固定時50歳男性の逸失利益について、基礎年
　　収を、事故前年の給与とした事例

（東京地判平25・8・6交民46・4・1031　三木素子裁判官）

### ＜判決の概要＞

| 被害者 | 事　故　日 | 平成22年5月21日 |
|---|---|---|
| | 年　　　齢 | 症状固定時50歳 |
| | 性別・職業 | 男性・銀行員 |
| 算　定　の　基　礎　収　入　額 | | |
| 休　業　損　害 | | なし |
| 逸　失　利　益 | | 年額1,938万9,927円（事故前年の実収入） |

## 1　当事者の主張

(1)　原告の主張

　原告は、事故の翌年に関連会社に転籍し、転籍後は減収となっている

**47**

第1章　給与所得者

けれども、逸失利益の算定は、事故前年の収入1,938万9,927円を基礎としてすべきである。

(2)　被告の主張

　原告は、本件事故により後遺障害が残ったとはいえないし、本件事故による減収もないので、逸失利益を否認する。

## 2　解説

　被害者は、**銀行支社長**である。

　判決は、被害者の本件事故発生年である平成22年の収入は1,938万9,927円であったことから、逸失利益算定の基礎収入を同額とした。

---

**【1−2−22】公務員として稼働していた事故時57歳の男性について、逸失利益を、定年の60歳までは事故前年の給与収入、定年後64歳までは賃金センサス男子学歴計60〜64歳平均賃金、65〜67歳までは同65〜67歳平均賃金を基礎に算定した事例**

（名古屋地判平25・6・28交民46・3・856　藤野美子裁判官）

### ＜判決の概要＞

| 被害者 | 事　故　日 | 平成22年1月18日 |
|---|---|---|
| | 年　　　齢 | 事故時57歳 |
| | 性別・職業 | 男性・公務員 |
| 算　定　の　基　礎　収　入　額 | | |
| 休　業　損　害 | | 実額606万3,593円（双方に争いなし。） |

第2節　正社員（公務員含む）

| 逸　失　利　益 | 60歳の定年までの3年間：年額839万1,990円（事故前年の実収入）<br>60歳から64歳までの5年間：年額415万1,000円（平成22年賃金センサス男子学歴計60〜64歳平均賃金）<br>65歳から67歳までの2年間：年額365万9,100円（平成22年賃金センサス男子学歴計65〜69歳平均賃金） |
| --- | --- |

## 1　当事者の主張

⑴　原告の主張

　原告が復職できたのは、本人の不断の努力と周囲の理解、協力によるものである。よって、原告の逸失利益として、事故前年度の実収入839万1,990円を基礎収入として算定したものが認められるべきである。

⑵　被告の主張

　原告は公務員であり、定年前に解雇される可能性は極めて低いため、定年までの逸失利益は否定されるべきである。定年退職後に関しては、64歳までは平成22年賃金センサス男子学歴計60〜64歳平均賃金415万1,000円を、65〜67歳までは同65〜67歳平均賃金365万9,100円を基礎に逸失利益を算出する。

## 2　解説

　被害者は、**公務員**である。

　判決は、逸失利益算定の基礎収入として、症状固定時から定年までの3年間については、本件事故発生前年の実収入839万1,990円を、また、定年後67歳までの期間については、平成22年賃金センサス男性年齢別平均賃金を採用するとした上で、60歳から64歳までは415万1,000円、65歳から67歳までは365万9,100円とした。

**49**

第1章　給与所得者

【1－2－23】会社員として稼働していた症状固定時42歳の男性について、逸失利益を、定年の60歳までは事故前年の給与収入を、定年後67歳までは賃金センサス男子大卒60〜64歳平均賃金を基礎に算定した事例　（東京地判平25・4・26交民46・2・577　三木素子裁判官）

<判決の概要>

| 被害者 | 事　故　日 | 平成19年10月25日 |
|---|---|---|
| | 年　　　齢 | 症状固定時42歳 |
| | 性別・職業 | 男性・会社員 |
| 算　定　の　基　礎　収　入　額 | | |
| 休　業　損　害 | | 実額133万7,325円（双方に争いなし。） |
| 逸　失　利　益 | | 60歳の定年までの18年間：年額800万7,323円（事故前年の実収入）<br>60歳から67歳までの7年間：年額607万7,500円（平成23年賃金センサス男子大卒60〜64歳平均賃金） |

## 1　当事者の主張

(1)　原告の主張

　60歳の定年後の収入が、本件事故前の収入800万7,323円を下回るとしても、事故がなければ定年までの間に昇給した可能性があることを考慮して、逸失利益の算定は、事故前年度の収入を基礎収入として67歳まで算定するのが相当である。

　仮に、定年後の逸失利益算定の基礎収入として本件事故前年の収入を用いないとしても、賃金センサス男子大卒年齢別平均賃金を用いるべきである。

(2)　被告の主張

　原告が定年退職後も事故前年の収入を得る蓋然性はなく、賃金センサ

50

第2節　正社員（公務員含む）

ス男子学歴計50〜64歳平均賃金を得ることも困難であるから、定年退職後の逸失利益の算定には、定年再雇用報酬額として規定されている金額を少し上回る金額程度を基礎収入とすべきである。

## 2　解説

被害者は、**技師**である。

判決は、逸失利益算定の基礎収入として、被害者の症状固定時から定年時（60歳）までの18年間については、本件事故前年の給与収入800万7,323円を、また、60歳から67歳までの7年間については、上記の期間について定年までの昇給を考慮していないことも斟酌して、平成23年賃金センサス男子大卒60〜64歳平均賃金607万7,500円とした。

## 【1－2－24】公立学校英語教師として稼働していた症状固定時56歳の女性について、逸失利益を、症状固定時の給与収入を基礎に算定した事例　（京都地判平25・2・14交民46・1・246　中武由紀裁判官）

### ＜判決の概要＞

| 被害者 | 事　故　日 | 平成16年10月10日 |
|---|---|---|
| | 年　　　齢 | 症状固定時56歳 |
| | 性別・職業 | 女性・公立学校英語教師 |
| 算　定　の　基　礎　収　入　額 | | |
| 休　　業　　損　　害 | | 実額102万7,319円（双方に争いなし。） |
| 逸　　失　　利　　益 | | 年額780万7,927円（症状固定時の給与） |

## 1　当事者の主張

(1)　原告の主張

原告の逸失利益は、症状固定時の平成20年分給与780万7,927円を基礎に、67歳まで認めるのが相当である。

51

第1章　給与所得者

## (2)　被告の主張

　原告は公務員であり、事故前である平成15年分給与所得が774万3,558円であるのに対して、事故後症状固定時の平成20年分給与所得が780万7,927円と増加していることから、原告には減収はなく、逸失利益は生じていない。

## 2　解説

　被害者は、**教職公務員（英語教師）**である。

　判決は、被害者の症状固定時における給与額は、今後の昇給や退職金等を考慮しない額であって高額とは認められないと述べ、同額（780万7,927円）を逸失利益算定の基礎収入とすべきであるとした。

---

## 【1－2－25】会社員として稼働していた事故時37歳の男性について、逸失利益を、将来昇給する蓋然性を重視し、事故前年の給与収入ではなく、賃金センサス男子高卒全年齢平均賃金を基礎に算定した事例　（東京地判平24・11・30交民45・6・1416　三木素子裁判官）

### ＜判決の概要＞

| 被害者 | 事　故　日 | 平成22年11月5日　　　　　　　　　死亡事故 |
| --- | --- | --- |
| | 年　　　齢 | 事故時37歳 |
| | 性別・職業 | 男性・会社員 |
| 算　定　の　基　礎　収　入　額 | | |
| 逸　失　利　益 | | 年額461万9,000円（平成22年賃金センサス男子高卒全年齢平均賃金） |

## 1　当事者の主張

## (1)　原告の主張

　亡男は生前、焼菓子の製造卸売会社に正社員として勤務し、工場で品

第2節　正社員（公務員含む）

質管理業務に従事していた。給与体系は基本給と諸手当で構成されており、年1回年齢給が昇給し、職能給も等級が上昇するに従って昇給する賃金体系となっていた。よって、亡男の逸失利益は、事故前年の給与収入を基礎に算出するのではなく、将来昇給していた蓋然性も加味して、平成21年賃金センサス男子高卒35～39歳平均賃金465万8,600円を基礎に算出すべきである。

(2)　被告の主張

　亡男が、原告ら主張の平均賃金の額を給与として得られていた蓋然性の立証はない。亡男の逸失利益は、事故前年の給与収入408万9,567円の限度で認める。

## 2　解説

　被害者は、**会社員**である。

　判決は、被害者の事故前年の給与収入は408万9,567円であるとしたが、同人の勤める会社の給与体系に照らして考えれば、将来昇給する蓋然性が認められるとして、平成22年賃金センサス男子高卒の平均賃金461万9,000円を逸失利益算定の基礎収入とした。

---

【1－2－26】警備員として稼働していた事故時59歳の男性について、逸失利益を、アルバイトから正社員になった直後である事故前3か月間の給料を年収に換算した金額を基礎に算定した事例

（名古屋地判平24・12・21交民45・6・1568　藤野美子裁判官）

### ＜判決の概要＞

| 被害者 | 事　故　日 | 平成19年6月19日 | 死亡事故 |
| --- | --- | --- | --- |
| | 年　　　齢 | 事故時59歳 | |
| | 性別・職業 | 男性・警備員 | |

第1章　給与所得者

| 算　定　の　基　礎　収　入　額 | |
|---|---|
| 逸　失　利　益 | 年額204万9,536円（事故前3か月間の給与51万2,384円を年収に換算したもの） |

## 1　当事者の主張

(1)　原告の主張

　亡男は、本業の印章店が不振のため、一時的に警備員のアルバイトをしていたものであり、平成19年3月に正社員になったばかりであった。また、福祉関係の仕事に転職する準備をしていたため、勤務時間も短くしていた。よって、事故前年の収入を基礎とするのは相当でなく、平成19年賃金センサス男子学歴計全年齢平均賃金634万4,700円を基礎として逸失利益を算出すべきである。

(2)　被告の主張

　亡男の逸失利益は、事故前年の平成18年の年収158万6,722円を基礎として算出すべきである。

## 2　解説

　被害者は、**警備員**である。

　判決は、被害者の仕事は警備員であり、その身分は正社員であるとした上で、同人が正社員となった平成19年4月から6月までの合計51万2,384円の給与を年収に換算した204万9,536円を逸失利益算定の基礎収入とした。

【1−2−27】公務員として稼働していた症状固定時46歳の男性について、休業損害算定の基礎収入は有給休暇分と減給分の合計額とし、逸失利益算定の基礎収入を事故前年（労災事故による受傷で一部休職）の実収入及び労災休業給付等とした事例

第2節　正社員（公務員含む）

（大阪地判平24・9・19交民45・5・1164　田中俊行裁判官）

## ＜判決の概要＞

| 被害者 | 事　故　日 | 平成18年3月15日 |
|---|---|---|
| | 年　　　齢 | 症状固定時46歳 |
| | 性別・職業 | 男性・公務員 |
| 算　定　の　基　礎　収　入　額 | | |
| 休　　業　　損　　害 | | 実額190万7,409円（有給休暇分及び減給分） |
| 逸　　失　　利　　益 | | 年額712万4,221円（労災休業中の年度の給与収入及び労災休業給付等の合計額） |

## 1　当事者の主張

(1)　原告の主張

　原告の休業損害は、事故前3か月分の給与を90日で除した額に、有給休暇取得分11日を乗じ、それに、給与及び賞与減額分を足した、合計183万6,301円である。

　原告の逸失利益は、事故前年に原告が受給した実収入及び労災事故で休職中であったため受給した労災休業給付等の合計額を基礎収入として算出すべきである。

(2)　被告の主張

　原告の休業損害については、不知である。

　原告は公務員であり、減額される割合は少ないので、労働能力喪失率を79％とすることは実態に反する。

## 2　解説

　被害者は、**公務員（技能職員）**である。

　判決は、被害者が本件交通事故とは別の過去の労災事故によって休業中の年度に受けた給与、労災休業給付金等及び労災総合保険金の合計額712万4,221円を逸失利益算定の基礎収入とした。

**55**

第1章　給与所得者

【1－2－28】会社員として稼働していた症状固定時38歳の男性につい
　　　て、休業損害算定の基礎収入は事故前年の年収額を365日で除した
　　　日額とし、逸失利益算定の基礎収入を事故前年の年収額とした事例

（東京地判平24・7・17交民45・4・792　三木素子裁判官ほか）

### ＜判決の概要＞

| 被害者 | 事　故　日 | 平成18年9月25日 |
| --- | --- | --- |
| | 年　　　齢 | 症状固定時38歳 |
| | 性別・職業 | 男性・会社員 |
| 算　定　の　基　礎　収　入　額 | | |
| 休　　業　　損　　害 | | 日額1万8,239円 |
| 逸　　失　　利　　益 | | 年額665万7,333円（事故前年の実収入） |

## 1　当事者の主張

(1)　原告の主張

　原告の休業損害は、就労再開前の440日間の休業期間分と、就労再開後に歩合給の低額な事務職に配置転換されたことによる減収分の合計額である。当該損害は、事故前年の年収665万7,333円を365日で除した金額を基礎収入として算出されるべきである。

　原告の逸失利益は、上記事故前年の年収を基礎収入として算出すべきである。

(2)　被告の主張

　原告の休業損害は、事故前3か月の実収入の平均日額1万1,869円を基礎として算定すべきである。

　原告には、後遺障害は存しないため、逸失利益も存しない。

## 2　解説

　被害者は、**宅配会社社員**である。

56

第2節　正社員（公務員含む）

　判決は、本件事故前年の平成17年の年収665万7,333円を逸失利益算定
の基礎収入とした。

## 【1－2－29】消防防災の公務員として稼働していた症状固定時40歳の男性について、逸失利益算定の基礎収入を症状固定時の年収額とした事例　（名古屋地判平24・3・30交民45・2・455　寺西和史裁判官）

### ＜判決の概要＞

| | | |
|---|---|---|
| | 事　　故　　日 | 平成17年4月30日 |
| 被害者 | 年　　　　　齢 | 症状固定時40歳 |
| | 性別・職業 | 男性・消防防災の公務員 |
| 算　定　の　基　礎　収　入　額 | | |
| 休　　業　　損　　害 | | なし |
| 逸　　失　　利　　益 | | 年額625万0,911円（症状固定時の年収） |

## 1　当事者の主張

（1）　原告の主張

　原告の逸失利益は、症状固定時の年収625万0,911円を基礎収入として
算出すべきである。

（2）　被告の主張

　原告は公務員であり、減収の事実はないから、逸失利益は否認する。

## 2　解説

　被害者は、**公務員（消防職員）**である。

　判決は、被害者がストレスのため仕事を休むことが多かった年を除
き、その余の年に受け取った給与額を参考に、症状固定時の含まれる平
成19年の625万0,911円を逸失利益算定の基礎収入とした。

57

第1章　給与所得者

【1－2－30】会社員として稼働していた事故時56歳の男性について、逸失利益を、60歳の定年までは事故前年の年収を、61〜67歳までは賃金センサス男子学歴計60〜64歳平均賃金を基礎に算定した事例

（名古屋地判平24・5・16交民45・3・633　德永幸藏裁判官）

<判決の概要>

| 被害者 | 事　故　日 | 平成20年10月24日　　　　　　　　　　　死亡事故 |
| | 年　　　齢 | 事故時56歳 |
| | 性別・職業 | 男性・会社員 |
| 算　定　の　基　礎　収　入　額 | | |
| 逸　失　利　益 | | 60歳の定年までの4年間：年額673万8,697円（事故前年の年収）<br>61歳から67歳までの7年間：年額435万3,400円（平成20年賃金センサス男子学歴計60〜64歳平均賃金） |

## 1　当事者の主張

(1)　原告の主張

　亡男の勤務先は、60歳の定年後も希望すれば継続雇用が可能であったため、亡男は定年後もそこで勤務する予定であった。よって、亡男の逸失利益は、事故前年の年収673万8,697円を基礎に算出すべきである。

(2)　被告らの主張

　亡男の逸失利益の算出は、定年前と定年後でそれぞれ異なる計算式を用いるべきである。

## 2　解説

　被害者は、**会社員**である。

　判決は、被害者が本件事故前年（平成19年）に673万8,697円の給与収入があったことを認めた上で、同人が勤務する会社は60歳定年制を採用

58

していたが、同人において定年後も56歳と同額の収入が得られることの蓋然性の立証がないとして、定年後の61歳以降については、平成20年賃金センサス男子61〜65歳平均賃金である435万3,400円を逸失利益算定の基礎収入とした。

---

**【1－2－31】** 警察官として稼働していた症状固定時44歳の男性について、休業損害算定の基礎収入は事故前年の年収額を365日で除した日額とし、逸失利益算定の基礎収入を症状固定時から60歳の定年までは事故前年の年収額とし、定年後67歳までは賃金センサス男子大卒60〜64歳平均賃金とした事例

（京都地判平22・12・9交民43・6・1637　柳本つとむ裁判官）

### <判決の概要>

| 被害者 | 事　故　日 | 平成17年9月18日 |
|---|---|---|
| | 年　　　齢 | 症状固定時44歳 |
| | 性別・職業 | 男性・警察官 |
| 算　定　の　基　礎　収　入　額 | | |
| 休　　業　　損　　害 | | 実額108万4,055円 |
| 逸　　失　　利　　益 | | 60歳の定年までの16年間：年額824万0,936円（事故前年の年収）<br>61歳から67歳までの7年間：年額637万9,400円（平成20年賃金センサス男子大卒60〜64歳平均賃金） |

## 1　当事者の主張

(1)　原告の主張

　原告の休業損害は、事故前年の年収824万0,936円を365日で除した日額2万2,578円を基礎収入として、休業日数234日を乗じて算出すべきで

第1章　給与所得者

ある。

　原告の逸失利益は、症状固定時から60歳の定年までは、事故前年の年収824万0,936円を基礎収入として算出すべきである。また、定年後67歳までは、平成19年賃金センサス男子大卒60〜64歳平均賃金の667万6,700円を基礎収入として算出すべきである。

(2)　被告の主張

　原告の休業損害は争う。

　原告の逸失利益につき、原告は事故後も従前どおり基本給が支払われ、定期昇給も行われている。収入や将来の昇進についての不利益の面では顕著な変化はない。また、本件事故による労働能力喪失の事実は認められない。

## 2　解説

　被害者は、**警察官**である。

　判決は、逸失利益算定の基礎収入について、症状固定時から定年（60歳）までは本件事故前年の年収である824万0,936円とし、定年から67歳までの7年間については、平成20年男子大卒60歳から64歳までの平均賃金637万9,400円とした。

第3節　準社員（パート、アルバイト）

# 第3節　準社員（パート、アルバイト）

【1－3－1】舞台活動をしながら、最低限の生活費を得るために準社員として稼働している症状固定時25歳の男性について、逸失利益算定の基礎収入を、賃金センサス男子学歴計全年齢平均賃金とした事例　（東京高判平28・12・27交民49・6・1335　後藤博裁判官ほか）

<判決の概要>

| 被害者 | 事　故　日 | 平成25年8月29日 |
|---|---|---|
| | 年　　　齢 | 症状固定時25歳 |
| | 性別・職業 | 男性・準社員 |
| 算　定　の　基　礎　収　入　額 | | |
| 逸　失　利　益 | | 年額524万1,000円（平成25年賃金センサス男子学歴計全年齢平均賃金） |

## 1　当事者の主張

(1)　控訴人（一審原告）の主張

　控訴人には逸失利益が認められる（基礎収入の額についての主張は、控訴審ではなし。）。

(2)　被控訴人（一審被告）の主張

　控訴人には逸失利益は認められない。

## 2　解説

　被害者は、**準社員（舞台俳優志望者）**である。

　判決は、症状固定時25歳の被害者の年収について、平成25年は163万4,669円、平成26年は250万6,821円であったとした上で、同人は歌や踊

第1章　給与所得者

りの練習をしたり、舞台に出演したりするための時間を確保するため、あえて最低限の生活費を得る目的をもって準社員として稼働していることが認められるとして、将来的に平均賃金程度の収入を得る蓋然性を肯定し、逸失利益算定の基礎収入を平成25年度男子の全年齢平均賃金である524万1,000円とした。

**【1－3－2】求職活動が奏功せず、やむなく求職活動をしながら前の職場にアルバイト運転手として勤務していた期間に事故に遭った事故時55歳の男性について、休業損害算定の基礎収入は事故前3か月分の給与の日割計算額とし、逸失利益算定の基礎収入を原告の今までの経済状況に照らして想定できる額（年収300万円）とした事例**

（大阪地判平25・12・3交民46・6・1543　長嶋銀哉裁判官）

＜判決の概要＞

| | | |
|---|---|---|
| 被 害 者 | 事 故 日 | 平成21年7月31日 |
| | 年 齢 | 事故時55歳 |
| | 性別・職業 | 男性・アルバイト運転手 |
| 算 定 の 基 礎 収 入 額 | | |
| 休 業 損 害 | | 日額3,180円 |
| 逸 失 利 益 | | 年額300万円 |

## 1　当事者の主張

(1)　原告の主張

　原告の休業損害及び逸失利益につき、事故当時のアルバイト運転手の収入1日3,180円を基礎とするのではなく、事故当時求職中だったこと、また、求職活動をするために辞めた前職の収入は月収40万円あったことを踏まえ、平成21年賃金センサス男子学歴計全年齢平均賃金である529

**62**

第3節　準社員（パート、アルバイト）

万8,200円を基礎として算出すべきである。

　なお、事故後求職活動を再開できず、やむなく前職の職場にアルバイトとして復帰し低廉な収入しか得られなかった時期については、前述の平均賃金と実際の賃金の差額を休業損害として認めるべきである。

(2)　被告の主張

　原告の休業損害は、事故当時の収入3,180円で算出すべきである。職場復帰したあとの休業損害は認められないが、仮に認められる場合は、実際に得た金額は控除すべきである。

## 2　解説

　被害者は、**アルバイト（福祉施設の送迎車運転手）** である。

　判決は、被害者の休業損害算定のための基礎収入については、事故前3か月間の支給総額に所得税を足したものを90日で割った3,180円とした（日額）。他方、逸失利益算定の基礎収入については、過去にコンビニ等で勤務していた際の収入月額20万円ないし25万円程度を参考に、月額25万円（年額300万円）とした。

---

## 【1－3－3】事故当時、母親の看病のため大学の非常勤講師のみ勤めていた症状固定時51歳の男性について、逸失利益算定の基礎収入を原告の事故前の収入額及び母親死去後の収入額、後遺障害の内容等に照らして想定できる額（年収100万円）とした事例

（東京地判平24・3・27交民45・2・405　川﨑直也裁判官）

### ＜判決の概要＞

| 被害者 | 事　故　日 | 平成18年10月7日 |
|---|---|---|
| | 年　　　齢 | 症状固定時51歳 |
| | 性別・職業 | 男性・大学非常勤講師 |

第1章　給与所得者

| 算 定 の 基 礎 収 入 額 | |
|---|---|
| 休　　業　　損　　害 | なし |
| 逸　　失　　利　　益 | 年額100万円 |

## 1　当事者の主張

(1)　原告の主張

　原告は、平成16年に、母親の介護のため、当時勤めていた高校教員を辞職し、大学非常勤講師として稼働していた。前記高校教員時代の年収は、870万円に達していた。仮に、事故当時年収32万円程度であったとしても、これは母親の看病によるものであり、平成21年3月に母親が亡くなったことから、事故がなければ収入を増やしていくことができたはずである。

　よって、原告の逸失利益算定の基礎収入としては、平成18年賃金センサス男女計学歴計50〜54歳平均賃金593万円とするのが適切である。

(2)　被告の主張

　原告の休業損害は、事故前年である平成17年の年収が32万5,620円であり、その前年は約30万円、事故当時50歳であること、後遺障害は14級程度の軽いものであることからして、基礎収入を、事故前年の年収32万5,620円として算出すべきである。

## 2　解説

　被害者は、**大学非常勤講師**である。

　判決は、症状固定時51歳の被害者について、同人のA大学における平成16年の給与収入額（年収）は28万9,600円であり、同17年のそれは32万5,620円であったが、症状固定後のB大学における平成23年の給与収入額（年収）は74万6,400円であったことなどの事情から、年収額100万円をもって逸失利益算定の基礎収入とした。

第3節　準社員（パート、アルバイト）

【1－3－4】自動車メーカーを定年退職後、マンション管理人として
　　　稼働していた事故時61歳の男性について、休業損害算定の基礎収入
　　　は事故前3か月分の給与の日割計算額とし、逸失利益算定の基礎収
　　　入を、事故前3か月分の給与を年収に換算した額を、事故年賃金セ
　　　ンサス男子学歴計60〜64歳平均賃金で割り、症状固定年の賃金セン
　　　サス男子学歴計60〜64歳平均賃金にその割合を乗じた金額とした事
　　　例　　　（名古屋地判平23・9・16交民44・5・1176　寺西和史裁判官）

## ＜判決の概要＞

| 被害者 | 事　故　日 | 平成17年1月4日 |
|---|---|---|
| | 年　　　齢 | 事故時61歳 |
| | 性別・職業 | 男性・マンション管理人 |
| 算　定　の　基　礎　収　入　額 | | |
| 休　業　損　害 | | 日額5,337円（事故前3か月分の年収を日割計算した金額） |
| 逸　失　利　益 | | 年額197万6,430円（事故前3か月分の給与を年収に換算した金額を、事故時の賃金センサスで割り、そこに症状固定年の賃金センサスを乗じた金額） |

## 1　当事者の主張

(1)　原告の主張

　原告の休業損害は、事故当時の月収18万0,100円を30日で除した日給
6,003円を基礎として算出すべきである。

　また、原告の逸失利益につき、本件事故は、原告が定年退職後、別会
社に契約社員として再就職して間もない時期に起こった事故であること
から、事故当時の月収を基礎収入として採用するのではなく、今後の勤
務継続、勤務形態の変化、転職等による収入増加の可能性があること等

**65**

第 1 章　給与所得者

を考慮して、平成19年賃金センサス男子学歴計全年齢平均賃金554万7,200円の 8 割に当たる443万7,760円を基礎として算出すべきである。

(2)　被告の主張

　原告の休業損害は、事故前 3 か月の給与48万0,345円を90日で除した金額5,337円を基礎として算出すべきである。

　原告の逸失利益は、事故前 3 か月の給与48万0,345円を年収に換算した192万1,320円を基礎として算出すべきである。

## 2　解説

　被害者は、**契約社員（マンション管理人）**である。

　判決は、本件事故当時61歳であった被害者について、事故直前 3 か月の会社からの給与が48万0,345円であったことから、これを年収に換算すると192万1,380円であると認めた。そして、当該金額は、本件事故時である平成17年賃金センサス男子60〜64歳平均賃金430万3,500円の約45％に当たるとした上で、症状固定時である平成19年の賃金センサス男子60〜64歳平均賃金442万6,800円に当該パーセンテージを乗じた197万6,430円を逸失利益算定の基礎収入とした。

【1－3－5】高校卒業後アメリカの短大に留学し、帰国後ホテルアルバイトとして稼働していた症状固定時27歳の男性について、休業損害算定の基礎収入は事故前 3 か月分の給与の日割計算額とし、逸失利益算定の基礎収入を賃金センサス男子高専・短大卒全年齢平均賃金とした事例

（名古屋地判平22・12・ 7 交民43・ 6 ・1608　徳永幸藏裁判官ほか）

第3節　準社員（パート、アルバイト）

＜判決の概要＞

| 被害者 | 事　故　日 | 平成18年12月26日 |
| --- | --- | --- |
| | 年　　　齢 | 症状固定時27歳 |
| | 性別・職業 | 男性・ホテルアルバイト |
| 算　定　の　基　礎　収　入　額 | | |
| 休　業　損　害 | | 日額4,680円（事故前3か月分の年収を日割計算した金額） |
| 逸　失　利　益 | | 年額493万9,500円（平成17年平均賃金男子高専・短大卒全年齢平均賃金） |

## 1　当事者の主張

(1)　原告の主張

　原告の休業損害は、事故前3か月間の収入を日割計算した日額4,785円を基礎に算出すべきである。

　原告は、英語検定2級を所持しており、高校卒業後にはアメリカの州立○○カレッジに留学して語学が堪能であったことから、ホテルアルバイトののち正社員に採用される可能性が高く、また、本人もそれを希望していた。よって、原告は、大卒者としての収入を得る高度の蓋然性があったことから、逸失利益算定の基礎収入には、平成17年賃金センサス男子大卒全年齢平均賃金672万9,800円を採用すべきである。

(2)　被告の主張

　休業損害については不知である。

　原告が○○カレッジで取得した資格は準文学士であり、高専短大卒と同程度であるから、大卒と同様に考えることはできない。

　原告の事故当時の年収は、172万2,600円であり、これは平成17年賃金センサス男子学歴計25〜29歳平均賃金396万5,400円の43％である。そこで、原告の逸失利益算定の基礎収入は、仮に平成17年賃金センサス男子

**67**

第1章　給与所得者

学歴計全年齢平均賃金552万3,000円を採用するにしても、その43％である237万4,890円とすべきである。

## 2　解説

　被害者は、**アルバイト（ホテル従業員）**である。

　判決は、症状固定時27歳の被害者の逸失利益算定の基礎収入について、本件事故当時の年収は平成17年賃金センサス男子25〜29歳平均賃金の396万5,400円の約43％の金額にすぎないが、しかし、同人にはアメリカ留学の経験があり、将来はその経験を生かしてホテルの仕事等による収入増を期待できると認め、平成17年男子高専短大卒平均賃金の493万9,500円を基礎収入とした。

第4節　その他（医師、教授など）

# 第4節　その他（医師、教授など）

【1－4－1】某大学院で研究に励みつつ外勤医師として勤務していた
　　　事故時34歳の男性について、死亡による逸失利益算定の基礎収入
　　　を、賃金センサス男性医師全年齢平均賃金と、大学教授全年齢平均
　　　賃金及び大学准教授全年齢平均賃金の平均額とした事例

（京都地判平27・9・2交民48・5・1078　比嘉一美裁判官）

＜判決の概要＞

| 被害者 | 事　故　日 | 平成25年5月23日　　　　　　　　　死亡事故 |
|---|---|---|
| | 年　　　齢 | 事故時34歳 |
| | 性別・職業 | 男性・医師・大学院生 |
| 算　定　の　基　礎　収　入　額 | | |
| 逸　失　利　益 | | 年額1,026万6,966円（平成25年賃金センサス男子医師全年齢平均賃金1,149万9,900円、大学教授全年齢平均賃金1,087万1,600円、大学准教授全年齢平均賃金842万9,400円の平均額） |

## 1　当事者の主張

(1)　原告の主張

　亡男は事故当時、医師であり、某大学院研究科に所属する大学院生で
もあり、研究に励みながら外勤医師として勤務して、年収（708万6,300
円）で妻子を養っていた。

　亡男は、「iPS細胞から立体構造をもった食道・胃をつくること」に
世界で初めて成功するなど、極めて優秀な研究業績を上げており、臨床
医としてだけでなく医学研究者として多方面にわたる活躍が期待されて

**69**

第1章　給与所得者

いたことから、逸失利益は、平成25年賃金センサス男性医師全年齢平均賃金である1,149万9,900円を基礎収入として算定するべきである。

(2) 被告の主張

　亡男は、ネイチャー掲載を目指す論文の完成を間近とし、留学を希望し、研究に取り組む意思があり、また、能力、実績も十分にあるのだから、逸失利益算定の基礎収入額は、賃金センサス男性医師全年齢平均賃金ではなく、大学病院医局勤務大学教授、大学准教授、大学講師の平均収入額（893万9,467円）とすべきである。

## 2　解説

　被害者は、**医師**である。

　判決は、被害者は平成16年3月31日にA大学医学科を卒業し、B病院に研修医として約2年間、さらに、C病院及びD病院に勤務した後、平成23年4月1日、E大学院研究科に進学して研究に励みながら、外勤医としてF病院等に勤務し、年収708万6,300円を得ていたと認定した上で、逸失利益算定の基礎収入を、平成25年の賃金センサス男性医師の平均年収1,149万9,900円、大学教授の平均年収1,087万1,600円及び大学准教授の平均年収842万9,400円の平均値である1,026万6,966円とした。

【1－4－2】国立大学の教授で、他大学で非常勤講師もしていた事故時52歳の男性について、休業損害算定の基礎収入は、国立大学教授の分は事故前3か月の収入を稼働日数で割った金額とし、非常勤講師の分は一コマ当たりの金額に休講した日を乗じた金額とし、また、逸失利益算定の基礎収入を、65歳までは事故前年の年収、65〜67歳は減収を予想し、900万円とした事例

（名古屋地判平26・5・21交民47・3・650　藤野美子裁判官）

第 4 節　その他（医師、教授など）

<**判決の概要**>

| 被害者 | 事　故　日 | 平成20年11月27日 |
|---|---|---|
| | 年　　　齢 | 事故時52歳 |
| | 性別・職業 | 男性・国立大学教授、非常勤講師 |
| 算　定　の　基　礎　収　入　額 | | |
| 休　業　損　害 | | 日額３万2,054円（国立大学分）一コマ5,660円（他大学非常勤講師分） |
| 逸　失　利　益 | | 65歳の定年までの10年間：年額1,196万9,206円（事故前年の年収）<br>65歳から67歳までの２年間：年額900万円 |

## 1　当事者の主張

(1)　原告の主張

　原告の休業損害及び逸失利益の算定は、事故前年の年収1,196万9,206円（国立大学の給与所得1,177万7,632円及びその他の所得19万1,574円の合計）を基礎に算定すべきである。

(2)　被告の主張

　原告の休業損害は、事故前３か月分の給与201万9,408円を稼働日数63日で割った日額３万2,054円を基礎に算定すべきである。

　原告の逸失利益に関しては、原告には現実に所得の減少が生じていないため、発生していない。仮に逸失利益が認められるとしても、定年である65歳までが限度である。

## 2　解説

　被害者は、**大学教授**である。

　判決は、被害者の逸失利益算定の基礎収入について、定年である65歳までは本件事故発生前年である平成19年の実収入1,196万9,206円とし、65歳から67歳までは、同人の供述を基に900万円とした。

71

第1章　給与所得者

【1－4－3】キックボクシングトレーナーとして稼働していた事故時
31歳の男性について、給与明細の信用性に乏しいことから、休業損
害算定の基礎収入は生活するのに必要と推定される金額（月額20万
円）とし、逸失利益算定の基礎収入を賃金センサス男子学歴計全年
齢平均賃金の約8割とした事例

（大阪地判平25・12・13交民46・6・1571　田中俊行裁判官）

＜判決の概要＞

| 被 害 者 | 事 故 日 | 平成21年3月26日 |
| | 年 齢 | 事故時31歳 |
| | 性別・職業 | 男性・キックボクシングトレーナー |
| 算 定 の 基 礎 収 入 額 | | |
| 休 業 損 害 | | 月額20万円 |
| 逸 失 利 益 | | 年額420万円（平成22年賃金センサス男子学歴計全年齢平均賃金523万0,200円の約8割） |

## 1　当事者の主張

(1)　原告の主張

　原告の休業損害は、月額45万円を基礎に算定すべきである。仮にそれ
が認められない場合は、賃金センサス男子高卒全年齢平均賃金によるべ
きである。

　原告の逸失利益は、月額45万円の12か月分である、年額540万円を基
礎に算定すべきである。

(2)　被告の主張

　ジムに通う生徒数や月謝から考えると、原告がジムから月額平均45万
円もの給与を得ていたとは考えられない。給与支払明細書は私文書に過
ぎず、信用できない。また、原告は事故当時、左膝の治療中であったこ

72

第4節　その他（医師、教授など）

とから、本件事故に関係なく就労不能であったのであり、事故当時は無
職であったと考えられるから、原告の休業損害は認められない。

　原告の逸失利益については、原告の後遺障害が軽いものであることか
ら、基礎収入は平均賃金の7割とすべきである。

## 2　解説

　被害者は、**キックボクシングトレーナー**である。

　判決は、被害者の逸失利益算定の基礎収入について、本件事故から3
年ほど経過した平成24年1月頃から同25年3月頃までは、事務職の仕事
をして、月額27万円程度の収入を得ていたことが認められることから、
平成22年男子平均賃金523万0,200円の8割程度に相当する420万円とし
た。

## 【1-4-4】産婦人科医師として稼働していた事故時39歳の男性について、その死亡による逸失利益算定の基礎収入を、事故前年の収入とした事例

（東京地判平25・3・14交民46・2・384　阿部潤裁判官ほか）

### ＜判決の概要＞

| 被害者 | 事　故　日 | 平成21年3月29日 | 死亡事故 |
| --- | --- | --- | --- |
| | 年　　　齢 | 事故時39歳 | |
| | 性別・職業 | 男性・産婦人科医師 | |
| 算　定　の　基　礎　収　入　額 | | | |
| 逸　失　利　益 | | 年額1,540万9,600円（事故前年の収入） | |

## 1　当事者の主張

(1)　原告の主張

　亡男は、平成19年10月より産婦人科で稼働し、その後、産婦人科専門

73

第1章　給与所得者

医の認定を受けている。亡男は、稼働開始後10年経過する頃には独立して開業する予定であったことから、亡男の逸失利益は、平成29年9月までは事故前3か月の収入467万7,100円を年収に換算した金額（1,962万2,316円）を基礎に、同年10月以降は独立開業後の産婦人科一般診療所の収益3,232万8,000円を基礎に、それぞれ算定すべきである。

(2)　被告の主張

　独立開業する希望があったとしても、結局は終身勤務医として稼働する医師も少なくないことから、亡男の逸失利益算定の基礎収入は、事故前年の収入1,540万9,600円とすべきである。

**2　解説**

　被害者は、**医師（産婦人科医）**である。

　判決は、被害者が、本件事故前年にA病院で産婦人科医として勤務し、1,540万9,600円の収入を得ていたことから、同額を逸失利益算定の基礎収入とした。

【1－4－5】事故当時研修医であり医師として稼働する直前で事故に遭った事故時30歳の男性について、休業損害は本来得られるはずの給与から実収入を差し引いた額とし、逸失利益算定の基礎収入を裁判所が相当とする金額（1,603万4,052円）とした事例

（岡山地判平23・3・2交民44・2・297　秋信治也裁判官）

＜判決の概要＞

| 被害者 | 事故日 | 平成17年5月26日 |
|---|---|---|
| | 年齢 | 事故時30歳 |
| | 性別・職業 | 男性・内科医師 |
| 算定の基礎収入額 | | |

74

第4節　その他（医師、教授など）

| 休 業 損 害 | 月額108万7,043円（赴任先病院の給与の平均額） |
|---|---|
| 逸 失 利 益 | 年額1,603万4,052円 |

## 1　当事者の主張

(1)　原告の主張

　原告は、平成17年6月にA病院に赴任するはずであったが、事故のため、実際の赴任は同年9月からとなり、他の若手と同様にフルで稼働するようになったのは、平成18年8月からだった。それまでは、事故で搬送された先のB病院に通院しながら、B病院の配慮でB病院に勤めたり、A病院でも、軽めの業務に終始して、時には点滴を受けながら勤務したりするという状態であった。

　よって、原告は、本来なら、平成17年6月から、平成18年8月以降の収入を得られたはずであるから、同月から平成19年2月までの給与の平均月額108万7,043円をもとに、平成17年6月から平成18年7月までの間に本来得られていた給与の総額を計算すると、1,521万8,602円となり、同期間の実収入904万1,977円を差し引いた617万6,625円が休業損害となる。

　また、同年9月以降症状固定までの期間について、原告は、本来得るべき収入を得てはいるが、それは本人の努力と我慢によるものであるから、前述の月額108万7,043円を基礎に、同期間の休業損害を算出すべきである（22万1,937円となる。）。

　なお、原告の逸失利益は、年額1,603万4,052円を基礎にして算出すべきである。

(2)　被告の主張

　原告は、平成17年12月に78万2,307円の月給を受けて以降、月収100万円を超えているため、同月以降は原告に休業損害は発生していない。

　逸失利益についても、高額な給与を受けていることから、そのまま逸

第1章　給与所得者

失利益を認めることはできない。

## 2　解説

被害者は、**医師**である。

判決は、被害者はB病院で研修医として勤務した後、平成17年6月1日からA病院で医師として勤務することが内定しており、その顔合わせ会に出席した後、本件事故に遭ったものであると認めた上で、基礎収入は、証拠により1,603万4,052円とした。

## 【1－4－6】事故当時消化器外科医として稼働していた男性について、逸失利益算定の基礎収入を、事故年と事故前年の収入額の平均値とした事例　（名古屋地判平21・1・13交民42・1・38　尾崎康裁判官）

### ＜判決の概要＞

| 被害者 | 事　故　日 | 平成15年10月19日 |
| --- | --- | --- |
| | 年　　　齢 | 症状固定時38歳 |
| | 性別・職業 | 男性・消化器外科医 |
| 算　定　の　基　礎　収　入　額 | | |
| 休　業　損　害 | | なし |
| 逸　失　利　益 | | 年額1,660万5,707円（事故年及び事故前年の収入額の平均値） |

## 1　当事者の主張

(1)　原告の主張

事故前年である平成14年1月1日から、平成17年3月31日までの総計39か月間の原告の総収入額は、5,426万0,800円であり、月平均の収入は139万1,302円である。原告の逸失利益は、この月平均収入を基礎に算定すべきである。

76

第4節　その他（医師、教授など）

(2)　被告の主張

否認する。

## 2　解説

被害者は、**医師（外科医）**である。

判決は、被害者の本件事故前年の給与1,615万9,820円と事故年の給与1,705万1,595円の平均値である1,660万5,707円を逸失利益算定の基礎収入とした。

# 第2章　事業所得者

第1節　現業系の事業者

# 第1節　現業系の事業者

【2－1－1】とび職の男性について、逸失利益算定の基礎収入を、賃
金センサス男子高卒全年齢平均賃金とした事例

（名古屋地判平29・5・19交民50・3・630　加藤員祥裁判官）

## ＜判決の概要＞

| 被害者 | 事　故　日 | 平成26年6月8日　　　　　　　　　　死亡事故 |
| | 年　　　齢 | 事故時20歳 |
| | 性別・職業 | 男性・とび職 |
| 算　定　の　基　礎　収　入　額 | | |
| 逸　失　利　益 | | 年額466万3,500円（平成26年賃金センサス男子高卒全年齢平均賃金） |

## 1　当事者の主張

(1)　原告の主張

　亡男は、独身であるが、母親である原告と2人暮らしの状況で生活を
支えていたのであるから、一家の柱と同視すべきである。よって、亡男
の逸失利益算定の基礎収入は、平成26年賃金センサス男子全学歴全年齢
平均賃金526万7,600円とすべきである。

(2)　被告の主張

　亡男の逸失利益の算定に当たり、統計資料により基礎収入額を決定す
るのであれば、全学歴全年齢の平均ではなく、学歴や年齢等も考慮した
より緻密な統計資料を用いるべきである。

## 2　解説

　被害者は、**とび職**である。

**81**

第2章　事業所得者

　判決は、被害者は中学校を卒業後、しばらく職を転々としたが、同人が独立する前年に当たる平成25年の給与所得額が327万6,950円であったことなどの理由から、平成26年賃金センサス高卒全年齢平均賃金である466万3,500円を逸失利益算定の基礎収入とした。


## 【2－1－2】住宅設備工事業を営む男性について、休業損害算定の基礎収入は事故前年の収入を日割りにしたものとし、逸失利益算定の基礎収入を賃金センサス男子学歴計全年齢平均賃金とした事例

（名古屋地判平28・10・14交民49・5・1215　大原純平裁判官）

### ＜判決の概要＞

| 被害者 | 事　故　日 | 平成26年10月2日 |
|---|---|---|
| | 年　　　齢 | 症状固定時32歳 |
| | 性別・職業 | 男性・住宅設備工事業者 |
| 算　定　の　基　礎　収　入　額 | | |
| 休　業　損　害 | | 日額1万1,126円（事故前年の収入を日割りにしたもの） |
| 逸　失　利　益 | | 年額529万6,800円（平成24年賃金センサス男子学歴計全年齢平均賃金） |

## 1　当事者の主張

(1)　原告の主張

　原告は、事故後も収入を維持していたが、それは原告の多大な努力及び職場の配慮があったためである。原告の休業損害は、事故前年の収入406万1,280円を基礎に算出すべきである。

　また、原告は、事故前年に独立開業したばかりであるから、逸失利益算定の基礎収入は、平成24年賃金センサス男子学歴計全年齢平均賃金

**82**

529万6,800円を採用すべきである。

(2) 被告の主張

　原告は、休業による減収はないから、休業損害は認められない。逸失利益算定の基礎収入については、原告の事故前年の収入406万1,280円とすべきである。

## 2　解説

　被害者は、**住宅設備業者**である。

　判決は、被害者は、平成25年6月に独立して個人事業を開始し、同年10月に事故に遭ったのであるが、同人の独立前の収入は、平成24年が405万円、平成25年が406万1,280円、平成26年が552万4,716円、平成27年が前年（平成26年）と同程度であったことなどから、逸失利益算定の基礎収入を、賃金センサス平成24年男子全年齢平均賃金である529万6,800円と認めた。

## 【2－1－3】鉢花を生産する農業を営む男性について、休業損害算定の基礎収入は事故前年と前々年の収入の平均額とし、逸失利益算定の基礎収入を固定経費を除いたものとした事例

（東京地判平27・3・26交民48・2・414　白石史子裁判官ほか）

### ＜判決の概要＞

| 被害者 | 事　故　日 | 平成22年10月24日 |
|---|---|---|
| | 年　　　齢 | 事故時41歳 |
| | 性別・職業 | 男性・農業従事者 |
| 算　定　の　基　礎　収　入　額 | | |
| 休　　業　　損　　害 | | 年額457万8,791円（事故前年及び前々年の収入の平均額） |

第2章　事業所得者

| 逸　失　利　益 | 年額387万3,191円（事故前年及び前々年の収入からそれぞれ固定経費を除いた額の平均額） |
|---|---|

## 1　当事者の主張

### (1)　原告の主張

原告は、長年にわたり農業を営んでおり、平成18年から平成22年までの申告所得額に青色申告特別控除額、減価償却費及び専従者給与額を加えた額の平均は614万9,022円となっている。また、原告は、事故前に登録した品種の種苗や収穫物を独占販売等することにより、将来的に多額の収益を得ることを見込まれていたから、少なくとも男性労働者平均賃金を取得することができたといえる。

よって、原告の休業損害及び逸失利益の算定は、平成23年男子学歴計40〜45歳平均賃金である598万0,400円を基礎に算定すべきである。

### (2)　被告の主張

休業損害の算定に際し、原告に実際に減収が生じていたか明らかではないことや、原告が平均賃金に相当する額を得られたとは言えないことから、基礎収入は控えめな金額を用いるべきである。

逸失利益算定に関しては、事故前年の原告の所得が235万3,428円であり、青色申告特別控除額を加えても300万3,428円であるから、基礎収入に賃金センサスを用いるべきではない。基礎収入に実収入を用いる場合でも、事業所得に固定経費を加算することには理由がない。

## 2　解説

被害者は、鉢花を生産する**農業**を営む個人事業者（農業者）である。

判決は、事故前々年（平成20年）及び事故前年（平成21年）の農業所得の合計額の2分の1に相当する387万3,191円を後遺障害による逸失利益算定の基礎収入とした。

なお、判決は、休業損害算定のための**農業所得**の算出に当たり、基礎

収入を、①農業所得、②租税公課、③地代・賃借料、④減価償却費、⑤青色申告特別控除額を合計して求めた（①＋②＋③＋④＋⑤）。他方、逸失利益算定の場合は、これらから**固定経費**を除外した（①＋④＋⑤）。

## 【2−1−4】金属加工業を営む男性について、休業損害は事故直近の収支が赤字であったことから認めず、逸失利益算定の基礎収入を賃金センサス男子学歴計65〜69歳平均賃金の60％とした事例

（大阪地判平26・12・11交民47・6・1529　長島銀哉裁判官）

### ＜判決の概要＞

| 被害者 | 事　故　日 | 平成20年11月17日 |
|---|---|---|
| | 年　　　齢 | 事故時66歳 |
| | 性別・職業 | 男性・金属加工業 |
| 算　定　の　基　礎　収　入　額 | | |
| 休　業　損　害 | | 無し |
| 逸　失　利　益 | | 年額217万9,200円（平成20年賃金センサス男子学歴計65〜69歳平均賃金363万2,000円の60％） |

## 1　当事者の主張

(1)　原告の主張

　原告の申告所得は少額で推移していたが、平成15年から17年までは、200万円〜300万円の実質的な黒字収支で推移していた。平成18年、19年は、転倒事故や病気の影響があって赤字申告だったが、実質的には数十万円の黒字であった。平成20年4月から事業を再開した矢先に、本件事故に遭遇したものであるから、原告は、少なくとも平成20年男子学歴計65〜69歳平均賃金363万2,000円の3分の2程度の金額を基礎収入として、休業損害及び逸失利益が認められるべきである。

**85**

第2章　事業所得者

(2)　被告の主張

　原告は、平成21年8月の段階で大幅に症状が改善しているため、それ以降の休業損害は発生していない。

　基礎収入に関しては、平成15年から19年までの確定申告書の内容については争わない。また、平成20年4月以降に業績が回復する蓋然性もなかったので、原告主張の収入を得られた蓋然性は認められない。

## 2　解説

　被害者は**金属加工業**である。

　判決は、事故発生年（平成20年）において、事故日までに被害者が事業を行ったのは7か月強であるが、収支は赤字であったことを認定した上で、しかし、平成15年から17年にかけて数百万円程度の差引金額を得ていたことから、賃金センサス男子65～69歳の平均賃金である363万2,000円の60％に相当する217万9,200円を逸失利益算定の基礎収入とした。

---

【2－1－5】鉄工所を経営していた男性について、死亡による逸失利益算定の基礎収入を、事故年の鉄工所の所得金額に、妻の経営する喫茶店の亡男の寄与度30％分に相当する金額（喫茶店の所得の30％）を加算した額とした事例

（大阪地判平25・8・29交民46・4・1134　後藤慶一郎裁判官）

### ＜判決の概要＞

| | | | |
|---|---|---|---|
| 被害者 | 事　故　日 | 平成23年9月9日 | 死亡事故 |
| | 年　　　齢 | 事故時70歳 | |
| | 性別・職業 | 男性・鉄工所経営 | |
| 算　定　の　基　礎　収　入　額 | | | |

86

| 逸　失　利　益 | 年額179万1,517円（事故年の鉄工所所得120万6,214円及び妻経営の喫茶店の亡男寄与分58万5,303円の合計） |
| --- | --- |

## 1　当事者の主張

(1)　原告の主張

　亡男は、自ら鉄工所を経営するかたわら、妻と喫茶店を共同で経営していた。鉄工所の利益は年間180万円であり、また、喫茶店の亡男の寄与度40％に相応する収入は78万円であった。その他、年金収入や自動販売機設置料として年間約26万円の収入があったことを総合すると、亡男の逸失利益算定の基礎収入は、平成22年賃金センサス男子学歴計70歳以上平均賃金348万円程度とするのが相当である。

(2)　被告の主張

　喫茶店には従業員もいることから、亡男が寄与していたとは言えない。また、自動販売機は亡男の死後も設置可能である。よって、亡男の逸失利益算定の基礎収入は、鉄工所の実収入とすべきである。

## 2　解説

　被害者は、**鉄工所経営者**である。

　判決は、被害者が、事故発生年の1月1日から事故日までの間に120万6,214円（ただし、青色申告特別控除前の所得金額）の所得があり、また、同人の妻が経営する喫茶店から生ずる所得（195万1,012円）の30％程度の寄与があったと認め、逸失利益算定の基礎年収を179万1,517円（1,206,214＋1,951,012×0.3）とした。

第 2 章　事業所得者

【2－1－6】イチゴ栽培農家の男性について、休業損害は事故翌年の所得における前年比減少額とし、逸失利益算定の基礎収入を賃金センサス男子学歴計全年齢平均賃金とした事例

（名古屋地判平25・7・3公刊物未掲載　德永幸藏裁判官）

### ＜判決の概要＞

| | | |
|---|---|---|
| 被害者 | 事　故　日 | 平成22年6月26日 |
| | 年　　　齢 | 事故時46歳 |
| | 性別・職業 | 男性・イチゴ栽培農家 |
| 算　定　の　基　礎　収　入　額 | | |
| 休　業　損　害 | | 実額203万1,008円（事故翌年の所得における前年比減少額） |
| 逸　失　利　益 | | 年額529万8,200円（平成21年賃金センサス男子学歴計全年齢平均賃金） |

## 1　当事者の主張

(1)　原告の主張

　原告の休業損害及び逸失利益算定の基礎収入は、平成21年賃金センサス男子学歴計全年齢平均賃金529万8,200円を使用することが、実態を一番忠実に反映していると言うべきである。

(2)　被告の主張

　原告の休業損害は、被告保険会社が原告に支払い済みの、本件事故のために雇用した臨時アルバイト代123万1,990円を上回ることはない。

　原告の逸失利益算定の基礎収入は、事故前3年間の平均所得額212万7,015円とするのが相当である。

## 2　解説

　被害者は、農家（イチゴ栽培）である。

第1節　現業系の事業者

　判決は、被害者の所得（ただし、経費には、減価償却費及び青色申告特別控除を含む。）が、平成19年は196万2,615円、平成20年は344万5,302円、平成21年は97万3,129円、平成22年（事故発生年）は307万9,263円、平成23年は104万8,255円であること及び多額の借入金の返済を着実に行っている事実があることから、逸失利益算定の基礎年収を賃金センサス男子全年齢平均賃金である529万8,200円とした。

【2－1－7】大工として稼働していた男性について、休業損害算定の基礎収入は事故前3か月間の収入を90日で除した金額とし、逸失利益算定の基礎収入を賃金センサス男子学歴計全年齢平均賃金とした事例（東京地判平24・12・18交民45・6・1495　三木素子裁判官ほか）

<判決の概要>

| 被害者 | 事　　故　　日 | 平成18年11月18日 |
|---|---|---|
| | 年　　　　　齢 | 事故時28歳 |
| | 性別・職業 | 男性・大工 |
| 算　定　の　基　礎　収　入　額 | | |
| 休　業　損　害 | | 日額1万5,964円（事故前3か月の収入を90日で除した金額） |
| 逸　失　利　益 | | 年額550万3,900円（平成20年賃金センサス男子学歴計全年齢平均賃金） |

## 1　当事者の主張

(1)　原告の主張

　原告の休業損害は、事故前3か月の収入143万6,810円を90日で除した日額1万5,964円を基礎に算出すべきである。

　原告は、事故時の平成18年には456万6,810円を得ていたことから、逸

**89**

第2章　事業所得者

失利益算定の基礎収入は、平成20年賃金センサス男子学歴計全年齢平均賃金である550万3,900円とすべきである。

(2)　被告の主張

いずれも否認ないし争う。

## 2　解説

被害者は、**大工**である。

判決は、被害者が、事故発生年の8月から10月までの3か月間、大工として稼働し、143万6,810円の収入があったことから、これを90日で除した1万5,964円を休業損害算定の基礎収入（日額）とした。また、被害者は事故発生年の平成18年に456万6,810円の収入を得ていたことから、逸失利益算定の基礎収入を、賃金センサス男子学歴計の550万3,900円とした。

【2－1－8】競輪選手として稼働していた男性について、休業損害算定の基礎収入は、事故前3年間の各収入（獲得賞金）に所得率80%を乗じた金額の平均年収額とし、さらにそれを365日で除したものを平均日額とした。その上で、事故から廃業までの期間に得べかりし収入と同期間に実際に獲得した収入（推定経費を控除した金額）との差額を休業損害額とし、また、逸失利益算定の基礎収入については、症状固定後5年間は事故前年の所得額（推定経費を控除した金額）とし、その後17年間は賃金センサス男子学歴計全年齢平均賃金とした事例

（京都地判平24・12・19交民45・6・1532　佐藤明裁判官）

第1節　現業系の事業者

## ＜判決の概要＞

| 被 害 者 | 事　故　日 | 平成19年8月2日 |
| --- | --- | --- |
| | 年　　　齢 | 事故時43歳 |
| | 性別・職業 | 男性・競輪選手 |
| 算　定　の　基　礎　収　入　額 | | |
| 休　　業　　損　　害 | | 日額1万8,531円（事故前3年間の各収入の80％の平均年収額をさらに365日で除した平均日額） |
| 逸　　失　　利　　益 | | 症状固定後から5年間：年額589万4,240円<br>その後67歳までの17年間：年額529万8,200円（平成21年賃金センサス男子学歴計全年齢平均賃金） |

## 1　当事者の主張

(1)　原告の主張

　原告の休業損害は、事故前3年間について経費を控除した各年収の合計を3年で除して平均年収を出し、それを365日で除した平均日額2万2,728円を基礎収入とし、これに事故日から退職日までの日数518日を乗じた金額から、実際に得た収入（賞金等）を控除した金額とすべきである。

　原告の逸失利益算定の基礎収入も、休業損害算定の基礎収入と同様とすべきである。

(2)　被告の主張

　原告の休業損害算定の基礎収入につき、経費率は50％とすべきである。また、原告は、事故前から故障が続出しており、年間賞金金額が減少傾向にあったから、同事故がなくても近い将来退職していた可能性が高いことから、原告の逸失利益に関する基礎収入は、平成21年男子学歴計全年齢平均賃金529万8,200円とすべきである。

**91**

第2章　事業所得者

## 2　解説

被害者は、**競輪選手**である。

判決は、被害者の本件事故前3年の獲得賞金について、平成16年分は964万9,900円、平成17年分は834万7,000円、平成18年分は736万7,800円であるとした上で、所得率を80％と認定した（その結果、3か年の平均所得は年677万7,600円となる。休業損害算算定の基礎収入。）。また、症状固定時から5年間について逸失利益算定の基礎収入は、本件事故前年（平成18年）の推定所得である589万4,240円とした。なお、その余の17年間については、賃金センサス男子全年齢平均賃金である529万8,200円とした。

【2－1－9】**鍵の製造修理業を営んでいた男性について、死亡による逸失利益算定の基礎収入を、事故前2年間の申告所得の平均値とした事例**　（京都地判平24・5・9交民45・3・591　枛本つとむ裁判官）

### ＜判決の概要＞

| 被害者 | 事　故　日 | 平成20年12月27日 | 死亡事故 |
| --- | --- | --- | --- |
| | 年　　　齢 | 事故時47歳 | |
| | 性別・職業 | 男性・鍵の製造修理業 | |
| 算　定　の　基　礎　収　入　額 | | | |
| 逸　失　利　益 | | 年額679万2,068円（事故前2年間の申告所得の平均値） | |

## 1　当事者の主張

(1)　原告らの主張

亡男の事故前2年間の年収額の平均は679万2,068円であったので、これを基礎収入とすべきである。

92

第1節　現業系の事業者

⑵　被告の主張

　生活費控除につき50％とすべきである。

## 2　解説

　被害者は、**鍵製造修理業**である。

　判決は、事故発生年（平成20年）以前の2年間の確定申告所得額の平均値である679万2,068円を逸失利益算定の基礎収入とした。

## 【2－1－10】とび職の男性について、休業損害算定の基礎収入は人身傷害補償契約の保険約款に基づいた金額とし、逸失利益算定の基礎収入を賃金センサス男子学歴計全年齢平均賃金とした事例

（京都地判平24・4・11交民45・2・466　佐藤明裁判官）

### ＜判決の概要＞

| | | |
|---|---|---|
| 被害者 | 事　故　日 | 平成19年9月3日 |
| | 年　　　齢 | 事故時22歳 |
| | 性別・職業 | 男性・とび職 |
| 算　定　の　基　礎　収　入　額 | | |
| 休　業　損　害 | | 日額8,660円（人身傷害補償契約の保険約款に基づいた金額） |
| 逸　失　利　益 | | 年額554万7,200円（平成19年賃金センサス男子学歴計全年齢平均賃金） |

## 1　当事者の主張

⑴　原告の主張

　原告の休業損害は、人身傷害補償契約に適用される保険約款に基づき、基礎収入を月額25万9,800円（日額8,660円）とすべきである。

　また、逸失利益も同様に、本件保険約款に基づき、算定の基礎収入を

93

第2章 事業所得者

498万4,800円とすべきである。

(2) 被告の主張

すべて否認する。

## 2 解説

被害者は、**とび職**である。

判決は、休業損害については、事故前の経費控除後の実収入月額25万9,800円（日額8,660円）を基礎収入とした。また、逸失利益については、原告主張金額を上回る賃金センサス男子全年齢平均賃金554万7,200円を基礎収入とした。

## 【2－1－11】競輪選手として稼働していた男性について、休業損害・逸失利益とも算定の基礎収入を、賃金センサス男女計学歴計30～34歳平均賃金とした事例

（大阪地判平23・7・13交民44・4・908 稲葉重子裁判官ほか）

### ＜判決の概要＞

| | | | |
|---|---|---|---|
| 被 害 者 | 事 故 日 | 平成17年12月8日 | |
| | 年 齢 | 事故時32歳 | |
| | 性別・職業 | 男性・競輪選手 | |
| 算 定 の 基 礎 収 入 額 | | | |
| 休 業 損 害 | | 年額445万8,100円（平成17年賃金センサス男女計学歴計30～34歳平均賃金） | |
| 逸 失 利 益 | | 同上 | |

## 1 当事者の主張

(1) 原告の主張

原告は無申告であり、実際に原告が得ていた賞金から、経費を控除す

第1節　現業系の事業者

る際の固定費の計上が困難であるため、事故時の32歳の平均賃金月額38万6,400円を休業損害算定の基礎収入とし、事故から5か月間は100％、その後症状固定までは35％の休業を認めるべきである。

　逸失利益算定の基礎収入は、平成17年賃金センサス男女計学歴計全年齢平均賃金487万4,800円を基礎収入として算定すべきである。

(2)　被告の主張

　原告の職業からして、一定の所得があると認められるとしても、確定申告をしないなど原告の収支に関する主張は信用性が低いため、賃金センサスに基づいて所得を認定すべきではない。

## 2　解説

　被害者は、**競輪選手**である。

　判決は、被害者がA級2班又はA級3班にランク付けられ、事故前の平均賞金収入が年間約965万円であったことから、経費率をおおむね5割とみた上で、休業損害及び逸失利益算定のための基礎収入を賃金センサス男女計労働者30歳から34歳までの平均年収445万8,100円とした。

---

## 【2−1−12】クラシックカー修理業として稼働していた男性について、休業損害・逸失利益とも算定の基礎収入を、賃金センサス男子学歴計45〜49歳平均賃金の70％とした事例

（京都地判平23・8・9交民44・4・1025　佐藤明裁判官）

### ＜判決の概要＞

| 被害者 | 事　故　日 | 平成20年11月19日 |
|---|---|---|
| | 年　　　齢 | 事故時48歳 |
| | 性別・職業 | 男性・クラシックカー修理業 |
| 算　定　の　基　礎　収　入　額 | | |

**95**

第2章　事業所得者

| 休　業　損　害 | 年額482万5,730円（平成20年賃金センサス男子学歴計45〜49歳平均賃金689万3,900円の70％） |
|---|---|
| 逸　失　利　益 | 同上 |

### 1　当事者の主張

(1)　原告の主張

　原告は、事故当時、前職B社を退職し、自営のクラシックカー修理業を営み始めたばかりであったから、休業損害及び逸失利益算定の基礎収入は、平成19年賃金センサス男子学歴計45〜49歳平均賃金690万1,300円とすべきである。

(2)　被告の主張

　原告が事故当時690万1,300円の年収を得られたとは到底認められず、将来においても、その蓋然性は認められない。基礎収入は、前職B社の平成18年給与と同額の361万9,364円とすべきである。

### 2　解説

　被害者は、**クラシックカー修理業**である。

　判決は、被害者が平成19年10月に独立してクラシックカー修理業を開始してから、事故に遭うまでの間は確定申告をしていなかったこと、及び独立前の平成18年の給与収入が361万9,364円であったことなどから、賃金センサス男子学歴計45歳から49歳までの平均年収689万3,900円の7割に相当する482万5,730円を休業損害及び逸失利益算定のための基礎収入とした。

**【2−1−13】プロゴルファーのキャディーとして稼働していた男性について、休業損害・逸失利益とも算定の基礎収入を、300万円とした事例**　（東京高判平22・9・9交民43・5・1109原田敏章裁判官ほか）

第1節　現業系の事業者

### ＜判決の概要＞

| 被害者 | 事　故　日 | 平成15年10月19日 |
| --- | --- | --- |
| | 年　　　　齢 | 事故時31歳 |
| | 性別・職業 | 男性・プロゴルファーのキャディー |
| 算　定　の　基　礎　収　入　額 | | |
| 休　　業　　損　　害 | | 年額300万円（キャディーのおおよその収入。無申告。） |
| 逸　失　利　益 | | 同上 |

### 1　当事者の主張

(1)　控訴人（一審原告）の主張

　控訴人（一審原告）は無申告であり、収入は300万円～400万円程度であったが、休業損害及び逸失利益算定の基礎収入は平成16年男子大卒30～34歳平均賃金である539万5,000円とすべきである。

(2)　被控訴人（一審被告）の主張

　否認する。

### 2　解説

　被害者は、プロゴルファーの**キャディー**である。

　判決は、被害者が、平成7年からプロゴルファーのキャディーをしており、事故までの年収は300万円から400万円であったが、税務申告はしていなかったと認めた上で、年収300万円をもって休業損害及び逸失利益算定の基礎収入とした。

【2－1－14】建設現場作業アルバイトとして稼働していた男性について、休業損害算定の基礎収入は月収20万円とし、逸失利益算定の基礎収入を賃金センサス男子全年齢中卒平均賃金とした事例

97

第 2 章　事業所得者

(大阪地判平22・10・20交民43・5・1313　田中敦裁判官)

<＜判決の概要＞>

| 被害者 | 事　故　日 | 平成16年 7 月25日 |
| | 年　　　齢 | 事故時24歳 |
| | 性別・職業 | 男性・建築現場作業アルバイト |
| 算　定　の　基　礎　収　入　額 | | |
| 休　業　損　害 | | 月額20万円 |
| 逸　失　利　益 | | 年額438万2,000円（平成17年賃金センサス男子中卒全年齢平均賃金） |

## 1　当事者の主張

(1)　原告の主張

　原告は、事故当時、溶接工や建築作業員としてアルバイトをしており、月額約28万円の収入を得ていたため、休業損害算定の基礎収入は月額28万円とすべきである。また、原告は、30歳未満の若年であるから、逸失利益算定の基礎収入は、平成16年賃金センサス男子全年齢平均賃金の542万7,000円とすべきである。

(2)　被告の主張

　原告は事故当時無職だったことから、休業損害は否認する。

## 2　解説

　被害者は、**アルバイト（建設業）**である。

　判決は、被害者が建設業のアルバイトをして、月額約20万円の収入を得ていたことを認め、逸失利益算定の基礎収入として、賃金センサス中卒男子全年齢平均賃金の438万2,000円を採用した。

第1節　現業系の事業者

## 【2－1－15】建築請負業として稼働していた男性について、休業損害・逸失利益とも算定の基礎収入を、賃金センサス男子全年齢大卒平均賃金の60％とした事例

（大阪高判平21・3・26交民42・2・305　成田喜達裁判官ほか）

### ＜判決の概要＞

| 被害者 | 事　故　日 | 平成14年5月2日 |
|---|---|---|
| | 年　　　齢 | 事故時52歳 |
| | 性別・職業 | 男性・建築請負業 |
| 算　定　の　基　礎　収　入　額 | | |
| 休　　業　　損　　害 | | 年額404万6,820円（平成14年賃金センサス男子全年齢大卒平均賃金674万4,700円の60％） |
| 逸　　失　　利　　益 | | 同上 |

## 1　当事者の主張

### (1)　控訴人（一審原告）の主張

　控訴人の休業損害及び逸失利益算定の基礎収入につき、事故前5年間の収支にはかなりばらつきがあるので、5年間の売上高の平均値から経費を差し引いた金額にするのが相当である。経費についても、事故前は大きく変動があったので、事故後の安定した状態の時の経費率60％を用いる。

　そして、本件事故前5年間の平成9年分から平成13年分までの年平均売上高に経費率60％を乗じると、基礎収入はほぼ年額479万円となる。

### (2)　被控訴人（一審被告）の主張

　控訴人の休業損害及び逸失利益算定の基礎収入は、事故当時の収入とすべきであり、税理士の分析によると、日額9,513円である。事故前5年間で継続して売り上げが減少していたのであるから、その後突然増加

**99**

第2章　事業所得者

するとは考えられない。

## 2　解説

被害者は、**建築請負業**である。

判決は、平成9年から平成16年までの売上及び経費の額並びに税理士が休業期間中の基礎収入を日額9,513円と算定していることなどから、賃金センサス男子大卒全年齢平均年収674万4,700円の60％に相当する404万6,820円を休業損害及び逸失利益算定の基礎収入とした。

【2－1－16】生コンミキサー車の運転手及び鉄道保全軌道工として稼働していた男性について、休業損害算定の基礎収入は生コン運転手と軌道工の日給の合計額とし、逸失利益算定の基礎収入を生コン運転手の日給100％及び軌道工の日給80％の合計額を年収に換算したものとした事例

（大阪地判平20・3・14交民41・2・340　池町知佐子裁判官）

### ＜判決の概要＞

| 被害者 | 事　故　日 | 平成15年11月29日 |
|---|---|---|
| | 年　　　齢 | 事故時35歳 |
| | 性別・職業 | 男性・生コンミキサー車運転手及び鉄道保全軌道工 |
| 算　定　の　基　礎　収　入　額 | | |
| 休　業　損　害 | | 日額1万8,387円（生コン運転手日額1万0,014円及び軌道工日額8,373円の合計額） |
| 逸　失　利　益 | | 年額609万9,880円（生コン運転手の日額100％と軌道工の日額80％の各1年分の合計額） |

## 1　当事者の主張

(1)　原告の主張

100

第1節　現業系の事業者

　原告は事故当時、昼間は生コン運転手、夜間は鉄道軌道工として稼働していた。生コン運転手の年収は368万円、軌道工の年収は312万円を下らないから、休業損害及び逸失利益算定の基礎収入は、少なくとも680万円を下回らない。

(2)　被告の主張

　否認する。原告は、所得をきちんと確定申告していないから、年間総所得額の公的証明は得られていない。

## 2　解説

　被害者は、**生コンミキサー車運転手**である。

　判決は、事故当時、被害者が生コンミキサー車の運転手として年収365万5,110円を得、さらに、軌道工として稼働しておりその分を日額6,698円と設定した上で、逸失利益算定の基礎収入を609万9,880円と認めた。

## 【2－1－17】建築業を営んでいた男性について、休業損害・逸失利益とも算定の基礎収入を、事故年の賃金センサス男子学歴計35〜39歳平均賃金とした事例

（神戸地判平18・11・17交民39・6・1620　川谷道郎裁判官）

### ＜判決の概要＞

| 被害者 | 事　故　日 | 平成15年1月25日 |
|---|---|---|
| | 年　　　齢 | 事故時35歳 |
| | 性別・職業 | 男性・建築業 |
| 算　定　の　基　礎　収　入　額 | | |
| 休　　業　　損　　害 | | 年額576万8,600円（平成15年賃金センサス男子学歴計35〜39歳平均賃金） |

**101**

第 2 章　事業所得者

| 逸　失　利　益 | 同上 |
|---|---|

## 1　当事者の主張

(1)　原告の主張

　原告は、事故前年の確定申告で所得額を317万9,795円と申告している
が、これは税理士と相談して節税対策を講じた結果の金額である。実際
は、経費として申告した額を加算した1,179万6,788円であるから、休業
損害及び逸失利益算定の基礎収入は、上記金額によって算出すべきであ
る。

　仮にそれが認められないとしても、少なくとも平成12年賃金センサス
男子学歴計35～39歳平均賃金である594万5,100円の収入を得ることがで
きたと認めるべきである。

(2)　被告の主張

　原告の平成14年の確定申告は、本件事故後にされているため、信用性
が低い。よって、平成13年の申告額を基礎として認定すべきである。ま
た、それが認められないとしても、平成11年から14年までの各申告所得
額の平均値を用いるべきである。

## 2　解説

　被害者は、**建築業**である。

　判決は、休業損害及び逸失利益算定の基礎収入は、平成14年青色申告
特別控除前の所得額317万9,795円に、経費に当たらない861万6,993円を
加算した1,179万6,788円とすべきであるという被害者の主張を退け、事
故年である平成15年賃金センサス男子学歴計35～39歳までの平均額であ
る576万8,600円とした。

102

第1節　現業系の事業者

【2－1－18】建築業を営んでいた男性について、休業損害算定の基礎
　　収入は事故前年の賃金センサス男子企業規模5～9人建設業学歴計
　　65歳以上平均賃金とし、逸失利益算定の基礎収入を症状固定年の賃
　　金センサス男子企業規模5～9人建設業学歴計65歳以上平均賃金と
　　した事例　　　（東京地判平15・12・1交民36・6・1521　森剛裁判官）

<判決の概要>

| 被害者 | 事　故　日 | 平成11年8月11日 |
| | 年　　　齢 | 症状固定時74歳 |
| | 性別・職業 | 男性・建築業 |
| 算　定　の　基　礎　収　入　額 | | |
| 休　　業　　損　　害 | | 年額334万3,000円（平成11年賃金センサス男子企業規模5～9人建設業学歴計65歳以上平均賃金） |
| 逸　　失　　利　　益 | | 年額341万9,700円（平成12年賃金センサス男子企業規模5～9人建設業学歴計65歳以上平均賃金） |

## 1　当事者の主張

(1)　原告の主張

　原告は、事故当時「I工務店」の屋号で建築業を営んでいたが、申告所得を超える所得を得ていたことが窺われるものの、実収入額を確定することができないことから、休業損害及び逸失利益算定の基礎収入は、平成12年賃金センサス男子建築業企業規模計65歳以上平均賃金506万4,600円を用いるべきである。

(2)　被告の主張

　原告の年間所得は184万0,425円であるから、その金額を基に休業損害及び逸失利益を算定すべきである。

**103**

第2章　事業所得者

## 2　解説

被害者は、**建築業**である。

判決は、被害者が、事故発生前年である平成10年に、所得を113万6,172円であるとの確定申告をしていること、以前山形県内で建築業の仕事をしているときには確定申告をしていないことなどの事実から、休業損害算定の基礎収入は、平成11年賃金センサス企業規模5〜9人の建設業の学歴計65歳以上の男子労働者の平均年収334万3,000円とし、また、逸失利益算定のそれは、平成12年の同じく341万9,700円とすべきであるとした。

第2節　資格を要する事業者

# 第2節　資格を要する事業者

【2-2-1】男性歯科医師について、休業損害は自由診療減少分及び
　　　　人件費増加分から保険診療及び物品販売の増加分を控除した残額の
　　　　80％とし、逸失利益算定の基礎収入を事故前年の青色申告特別控除
　　　　前の所得金額とした事例

（名古屋地判平28・2・26交民49・1・288　伊藤隆裕裁判官）

<判決の概要>

| 被害者 | 事　故　日 | 平成23年12月17日 |
|---|---|---|
| | 年　　　齢 | 事故時40歳 |
| | 性別・職業 | 男性・歯科医師 |
| 算　定　の　基　礎　収　入　額 | | |
| 休　業　損　害 | | 実額72万7,868円（自由診療減少分及び人件費増加分から保険診療及び物品販売増加分を控除した残額の80％） |
| 逸　失　利　益 | | 年額668万8,767円（事故前年の青色申告特別控除前の所得金額） |

## 1　当事者の主張

(1)　原告の主張

　原告の休業損害は、事故前年の青色申告特別控除前の所得金額668万
7,868円を日割りした、1日当たり1万8,325円を基礎に算定すべきである。

　また、原告の逸失利益も、前記青色申告特別控除前の所得金額を基礎
に算定すべきである。

**105**

第2章　事業所得者

(2)　被告の主張

原告の休業損害は、クリニックを休業した2日間の分のみである。

また、本件事故を原因とする後遺障害は生じていないため、逸失利益は否認する。

## 2　解説

被害者は、**歯科医師**である。

判決は、逸失利益算定の基礎収入として、事故前年（平成22年）の青色申告特別控除前の所得金額（668万8,768円）を採用した。


【2－2－2】男性歯科医師について、休業損害算定の基礎収入は事故前年の所得に専従者給与及び固定経費を加えた金額とし、逸失利益算定の基礎収入を事故前3年間の各所得と専従者給与の合計額の平均額とした事例

（東京地判平26・12・24交民47・6・1597　中村修輔裁判官）

### ＜判決の概要＞

| 被害者 | 事　故　日 | 平成21年8月29日 |
|---|---|---|
| | 年　　　齢 | 症状固定時52歳 |
| | 性別・職業 | 男性・歯科医師 |
| 算　定　の　基　礎　収　入　額 | | |
| 休　業　損　害 | | 年額3,120万1,521円（事故前年の所得に専従者給与及び固定経費を加えたもの。） |
| 逸　失　利　益 | | 年額1,391万5,204円（事故前3年間の所得及び専従者給与の平均額） |

## 1　当事者の主張

(1)　原告の主張

第2節　資格を要する事業者

　原告は、事故前年には歯科医院の所得342万1,768円及び給与収入24万
4,085円の収入を得ており、それに固定経費（租税公課、広告宣伝費、損
害保険料、修繕費、減価償却費、福利厚生費、給料賃金、利子割引料、地代
家賃、諸会費、支払手数料、リース料、専従者給与）を加算した、3,304万
8,745円が年収とされる。原告の休業損害算定の基礎収入は、それを365
日で除した日額9万0,545円となる。

　また、原告は、事故の3年前から病気による入通院のため収入が減少
していたが、本件事故がなければ、減少前の平成18年の水準にまで回復
した蓋然性がある。よって、原告の逸失利益算定の基礎収入は、平成18
年の所得及び専従者給与の合計額2,132万4,092円とすべきである。

(2)　被告の主張

　原告の休業損害の算定の基礎収入について、所得に加える固定経費
は、損害保険料、減価償却費、給料賃金及び地代家賃に限られ、また、
給与収入は算入しないのが相当である。

　原告の逸失利益算定の基礎収入については、事故前年の所得342万
1,768円とするのが相当である。

## 2　解説

　被害者は、**歯科医師**である。

　判決は、被害者の休業損害算定の基礎収入を、①事故前年（平成20年）
の所得342万1,768円、②専従者給与730万円、③租税公課14万4,400円、
④損害保険料86万5,020円、⑤修繕費11万3,329円、⑥減価償却費467万
7,922円、⑦福利厚生費35万0,789円、⑧給料賃金721万7,890円、⑨利子
割引料23万7,583円、⑩地代家賃390万6,000円、⑪諸会費129万2,700円、
⑫支払手数料91万3,500円、⑬リース料76万0,620円を合計した3,120万
1,521円（日額8万5,483円）とした。

　また、判決は、逸失利益算定の基礎収入については、事故前3か年間
の所得及び専従者給与の合計額の平均値である1,391万5,204円と認定し

107

第 2 章　事業所得者

た。

【2－2－3】弁理士として稼働していた男性について、休業損害算定の基礎収入は事故前年度の営業所得とし、その逸失利益算定の基礎収入を事故前5年間の営業所得の平均額と特許事務所の補助業務報酬額との合計額とした事例

（東京地判平23・10・17交民44・5・1357　小笠原義泰裁判官）

### ＜判決の概要＞

| 被害者 | 事　故　日 | 平成20年2月28日 |
|---|---|---|
| | 年　　　齢 | 事故時72歳 |
| | 性別・職業 | 男性・弁理士 |
| 算　定　の　基　礎　収　入　額 | | |
| 休　業　損　害 | | 年額1,876万3,215円（事故前年の営業所得） |
| 逸　失　利　益 | | 年額2,028万2,413円（事故前5年間の営業所得の平均額1,428万2,413円と特許事務所の報酬額600万円との合計額 |

## 1　当事者の主張

(1)　原告の主張

　弁理士の原告は、B特許商標事務所及び同事務所の業務を補助するC社を経営している。休業損害算定の基礎収入は、事故前年の営業所得から不動産所得及び雑所得を控除した2,302万3,215円を所定就業日数240日で除した、日額9万5,930円とするのが相当である。

　また、逸失利益算定の基礎収入は、事故前年度の源泉徴収票上の年収2,476万3,215円とすべきである。

(2)　被告の主張

108

第2節　資格を要する事業者

　休業損害算定の基礎収入につき、原告の事業所得は年度によって変動があり、事故前年の事業所得は事故前3年間で最も高いから、それを基礎収入とすることは客観性が乏しい。また、原告の所得にはC社からの役員報酬が含まれているが、これは事故後も同様に支払われているので休業損害は存在しない。

　逸失利益算定の基礎収入については、原告の収入は安定していないから、事故前3年間の営業所得の平均を基礎収入とすべきである。

## 2　解説

　被害者は**弁理士**である。

　判決は、休業損害算定の基礎収入を、事故前年（平成19年）の所得1,876万3,215円とした。

　また、判決は、逸失利益算定の基礎収入を、平成15年から平成19年までの5年間の平均所得である1,428万2,413円とした。さらに、被害者の経営する特許事務所と密接な関係にある会社からの収入600万円も基礎収入に含めると判断した（合計2,028万2,413円）。

---

## 【2−2−4】薬剤師として稼働していた女性について、休業損害及び逸失利益算定の基礎収入を、事故前年の売上から売上原価を除いたものに経費（損害保険料、減価償却費、地代家賃、区からの報酬）を加算した金額とした事例

（東京地判平19・7・30交民40・4・1014　小林邦夫裁判官）

### ＜判決の概要＞

| 被害者 | 事故日 | 平成11年5月11日 | 死亡事故 |
|---|---|---|---|
| | 年　　齢 | 症状固定時64歳 | |
| | 性別・職業 | 女性・薬剤士 | |

**109**

第2章　事業所得者

| 算　定　の　基　礎　収　入　額 | |
| --- | --- |
| 休　業　損　害 | 年額254万3,539円（事故前年の売上から売上原価を除いたものに、経費を加えた金額） |
| 逸　失　利　益 | 同上 |

## 1　当事者の主張

(1)　原告の主張

　亡女の休業損害算定の基礎収入は、事故前年の収入184万4,902円のほか、薬局休業中に薬品等が期限切れなどで使用不能になったことによる損害256万円及び薬局管理のためのアルバイト代26万円も加算すべきである。

　また、逸失利益算定の基礎収入は、賃金センサス女子学歴計65歳以上平均賃金382万500円を基礎に算定すべきである。

(2)　被告の主張

　亡女の休業損害算定の基礎収入につき、平成10年の事業所得は104万4,426円であり、それを採用すべきである。また、薬品等の使用不能の損害はない。さらに、アルバイトは亡女の娘であるから、現実に授受されたか疑問の余地が大きい。

　亡女は、平成19年4月1日に死亡しているから、労働能力喪失期間の終期は同日である。

## 2　解説

　被害者は、**薬剤師**である。

　判決は、被害者の休業損害及び逸失利益算定の基礎収入を、①所得184万4,902円、②損害保険料6万5,736円、③減価償却費22万3,161円、④地代家賃4万9,440円、⑤東京都S区から支払を受けた学校薬剤師報酬36万0,300円の合計額である254万3,539円とした。

110

第3節　サービス事業者

# 第3節　サービス事業者

【2－3－1】すし店を共同経営していた男性について、休業損害は、
　　休業期間中に本来なら得ていた予定の金額から、受領済みの金額を
　　控除した残額とし、逸失利益算定の基礎収入を事故前年の収入とし
　　た事例　　　（横浜地判平29・2・3交民50・1・97　本多知成裁判官）

### ＜判決の概要＞

| 被害者 | 事　故　日 | 平成22年8月1日 |
|---|---|---|
| | 年　　　齢 | 事故時51歳 |
| | 性別・職業 | 男性・義父とすし店の共同経営 |
| 算　定　の　基　礎　収　入　額 | | |
| 休　業　損　害 | | 実額661万6,320円（本来なら得ていた予定の金額から、受領済みの金額を控除した残額） |
| 逸　失　利　益 | | 年額178万4,400円（事故前年の収入総額） |

## 1　当事者の主張

(1)　原告の主張

　原告は事故当時、義父とすし店を営んでおり、同時に、副業として新
聞配達をしていた。すし店からは月額6万7,500円を、新聞配達からは
月額8万1,200円を得ており、合計14万8,700円の月収があった。その4
年分は713万7,600円であり、受領済みの金額を控除した残額661万6,320
円が休業損害である。

　また、原告の逸失利益は、すし店の経営が好転する可能性が十分あっ
たことから、平成22年賃金センサス男子学歴計55～59歳平均賃金611万
9,300円を基礎に算定すべきである。

**111**

第2章　事業所得者

⑵　被告の主張

　休業損害は認める。

　原告の逸失利益については、原告は若者でもなく、平均賃金を得られる蓋然性もあるとは言えないから、事故前年の実収入178万4,400円を基に算出すべきである。

## 2　解説

　被害者は、**すし店経営者**である。

　判決は、逸失利益算定の基礎収入として、事故前年におけるすし店経営による収入81万円と新聞配達による収入97万4,400円を合算した178万4,400円とした。その理由として、すし店経営状況の将来予測を正確に行うことが困難であること、及び平成15年以降すし店経営による収入が全体として減少傾向にあったことをあげた。

## 【2−3−2】スナックを経営していた女性について、休業損害・逸失利益とも算定の基礎収入を、賃金センサス女子学歴計65〜69歳平均賃金とした事例

（大阪地判平25・8・27交民46・4・1125　後藤慶一郎裁判官）

### ＜判決の概要＞

| | 事　故　日 | 平成23年8月31日　　　　　　　　死亡事故 |
|---|---|---|
| 被害者 | 年　　　齢 | 事故時76歳 |
| | 性別・職業 | 女性・スナック経営 |
| 算　定　の　基　礎　収　入　額 | | |
| 休　業　損　害 | | 実額2万1,023円（平成23年賃金センサス女子学歴計65〜69歳平均賃金274万0,500円の70%である年額191万8,350円を基礎に、死亡までの4日分を算定） |

112

第3節　サービス事業者

| 逸　失　利　益 | 年額191万8,350円（平成23年賃金センサス女子学歴計65〜69歳平均賃金274万0,500円の70％） |
|---|---|

## 1　当事者の主張

(1)　原告の主張

　亡女は、事故当時25年以上にわたりスナックを経営しており、相当の収入を得ていた。よって、亡女の休業損害及び逸失利益算定の基礎収入は、平成23年賃金センサス女子学歴計70歳以上の平均賃金300万4,800円とすべきである。

(2)　被告の主張

　亡女がスナックを経営していたという証拠がないため、休業損害及び逸失利益は認められない。仮に営んでいたとしても、年齢別平均賃金を上回る収入を得られた蓋然性はない。

## 2　解説

　被害者は、**スナック経営者**である。

　判決は、被害者の休業損害及び逸失利益を算定するに当たり、その基礎収入として、同女が京都市内で居酒屋兼スナックを経営し、アルバイト従業員を1人雇っていたと認定した上で、税務申告はしていなかったものの上記の店を50年以上継続しており、また、格別の借財もなく自活していたと認め、賃金センサス女子65歳から69歳までの年収274万0,500円の70％に相当する191万8,350円程度の収入を得られたと認定した。

---

**【2−3−3】ミニコミ誌制作事業を行っていた男性について、逸失利益算定の基礎収入を、賃金センサス男子学歴計40〜44歳平均賃金とした事例**　（大阪地判平24・11・27交民45・6・1356　佐藤裕子裁判官）

**113**

第 2 章　事業所得者

＜判決の概要＞

| 被害者 | 事　故　日 | 平成20年 7 月30日　　　　　　　　　死亡事故 |
| | 年　　　齢 | 事故時43歳 |
| | 性別・職業 | 男性・ミニコミ誌制作事業 |
| 算　定　の　基　礎　収　入　額 | | |
| 逸　失　利　益 | | 年額647万2,100円（平成20年賃金センサス男子学歴計40〜44歳平均賃金） |

## 1　当事者の主張

(1)　原告の主張

　亡男は、事故前年までは新聞販売店を経営しており、事故前年からは、ミニコミ誌の制作事業を開始した。事故当時には、ミニコミ誌の制作事業が軌道に乗っており、さらに事業拡大していくこと、また、再度新聞販売店を経営することも決まっていた。しかし、平成20年度の途中で事故に遭ったことにより、同年度の確定申告ができなかったため、逸失利益算定の基礎収入には、平成19年度の課税証明書の年収722万0,491円を採用すべきである。

(2)　被告の主張

　基礎収入は、事故当時の実収入によるべきであるから、事故前年度の収入を基礎とすべきである。また、亡男は、事故当時43歳であったから、平均賃金を基礎とすることも相当でない。

## 2　解説

　被害者は、**新聞販売店経営者**である。

　判決は、被害者は事故発生年（平成22年）の前年に新規事業を始めており、収入は今後増加すると見込まれること、及び平成17年から19年までにおける同人の平均収入額は817万0,163円であったことから、賃金センサス男子40〜44歳平均賃金647万2,100円を逸失利益算定の基礎収入と

114

第3節　サービス事業者

するとした。

【２－３－４】ペット販売業の者について、休業損害算定の基礎収入を、前年度における同時期の営業利益の日額から17%減額した金額とした事例　（東京地判平23・11・25交民44・6・1448　三木素子裁判官）

<判決の概要>

| 被害者 | 事　故　日 | 平成21年3月11日 |
| --- | --- | --- |
| | 年　　　齢 | 年齢不詳 |
| | 性別・職業 | 性別不詳・ペット販売業 |
| 算　定　の　基　礎　収　入　額 | | |
| 休　業　損　害 | | 日額6万0,732円（事故前年における同時期の営業利益の日額から17%減額した金額） |
| 逸　失　利　益 | | なし |

## 1　当事者の主張

(1)　原告の主張

　原告の営むペットショップはA店のほかにB店もあるが、売上高は7：3の割合である。ペットショップの事業は、季節による変動が激しいため、繁忙期である事故前年の同時期（平成20年3月～7月）の売上から売上原価及び販売管理費を控除した金額をA店とB店の売上高に応じ7：3で配分した金額で算定すべきである。すると、日額10万3,243円となる。

　なお、経験のある従業員は、営業の再開の際にはすぐに必要となる戦力であるため、人件費は固定経費であり、売上から控除する対象とはならない。

(2)　被告の主張

**115**

第 2 章　事業所得者

　原告の休業損害算定に当たり、原告の年間の売上額から年間の売上原価及び販売管理費を控除した年間平均営業利益を基礎とするのが一般的である。なお、人件費は、営業の有無に関わらず発生する経費ではないから、固定経費には当たらず、控除の対象とすべきである。よって、原告の休業損害算定の基礎収入は、日額 2 万5,101円である。

## 2　解説

　被害者は、**ペットショップ経営者**である。

　判決は、被害者が経営するペットショップについて、事故前年である平成20年 1 月に新規開店した店舗であるとした上で、平成20年 3 月から 7 月までの実績値に基づき、売上額から、売上原価及び販売管理費を控除した残額（営業利益）を基礎収入として休業損害を算定すべきであるとした。

---

## 【2 − 3 − 5】システムエンジニアの男性について、休業損害・逸失利益とも算定の基礎収入を、同年代の賃金センサス平均賃金を参考に550万円とした事例

（神戸地判平23・12・26交民44・ 6 ・1635　長井浩一裁判官）

### ＜判決の概要＞

| 被害者 | 事　故　日 | 平成19年 5 月15日 |
|---|---|---|
| | 年　　　齢 | 事故時41歳 |
| | 性別・職業 | 男性・システムエンジニア |
| 算　定　の　基　礎　収　入　額 | | |
| 休　業　損　害 | | 年額550万円（同年代・同学歴の平成19年賃金センサス男子高専・短大卒40～44歳平均賃金594万8,800円を参考に導いた金額） |

116

第3節　サービス事業者

| 逸　失　利　益 | 同上 |
|---|---|

## 1　当事者の主張

(1)　原告の主張

　原告は、平成18年3月末に株式会社Jを退職し、自身でウェブ事業を立ち上げ、システムエンジニアとして、全て1人で行っていた。個人事業主になってからは確定申告等をしていなかったため、原告の休業損害及び逸失利益算定の基礎収入は、前記株式会社Jにおける平成17年分給与年額630万0,852円とすべきである。

(2)　被告の主張

　原告は、システムエンジニアとしての収入の立証をしておらず、独立して間もなく事故に遭遇していることからしても、実収入は、原告の主張する額よりもかなり低額であったと思われる。よって、原告の休業損害及び逸失利益算定の基礎収入は、せいぜい同世代・同学歴の平均賃金594万8,800円（平成19年賃金センサス男子高専・短大卒40～44歳平均賃金）の70％である416万4,160円と考えるべきである。

## 2　解説

　被害者は、**パソコン関連事業者**である。

　判決は、被害者の休業損害及び逸失利益算定の基礎収入を認定するに当たり、事故年（平成19年）以前の平成13年から16年までの年収が500万円～550万円であったこと、また、平成17年のそれが630万0,852円であったこと、事故前年（平成18年）にパソコン関連事業を立ち上げたが確定申告を行っていないこと、同人と同世代・同学歴の平均賃金が594万8,800円であることなどの事実から、同人の基礎収入を550万円と認定した。

**117**

第2章 事業所得者

## 【2−3−6】米穀店及びコンビニエンスストアを経営していた男性について、休業損害・逸失利益とも算定の基礎収入を、賃金センサス男子学歴計全年齢平均賃金の70％とした事例

(大阪地判平23・1・27交民44・1・123　新田和憲裁判官)

### ＜判決の概要＞

| 被害者 | 事 故 日 | 平成14年10月25日 |
|---|---|---|
| | 年　　　齢 | 事故時47歳 |
| | 性別・職業 | 男性・米穀店及びコンビニエンスストア経営 |
| 算　定　の　基　礎　収　入　額 | | |
| 休　　業　　損　　害 | | 年額383万4,670円（平成15年賃金センサス男子学歴計全年齢平均賃金547万8,100円の70％） |
| 逸　　失　　利　　益 | | 同上 |

## 1　当事者の主張

(1)　原告の主張

　原告は、事故当時、確定申告をしていなかったものの、米穀店及びコンビニエンスストアを経営していたことから考えて、少なくとも、平成15年賃金センサス男子学歴計全年齢平均賃金547万8,100円に相当する収入があったと考えられる。よって、原告の休業損害は前記平均賃金を基に日額1万5,008円とし、逸失利益は前記平均賃金を基礎に算定すべきである。

(2)　被告の主張

　原告の休業損害及び逸失利益の算定に当たっては、原告の現実の収入額を基準とすべきである。よって、休業損害算定の基礎収入は、平成14年の所得額120万円を勤務日数分で割った、日額4,295円となり、逸失利益算定の基礎収入は、120万円となる。

118

第3節　サービス事業者

## 2　解説

被害者は、**米穀店経営者**である。

判決は、休業損害及び逸失利益算定のための基礎収入を認定するに当たり、被害者が事故当時に米穀店を経営していた事実に着目して、平成15年賃金センサス男子労働者の平均賃金である547万8,100円の7割に相当する383万4,670円とした。

## 【2－3－7】事業を営んでいた男性について、休業損害算定の基礎収入は賃金センサス男子高卒25〜29歳平均賃金の60％とし、逸失利益算定の基礎収入を賃金センサス男子高卒全年齢平均賃金の60％とした事例　（大阪地判平22・12・3交民43・6・1570　宮﨑朋紀裁判官）

### ＜判決の概要＞

| 被害者 | 事　故　日 | 平成16年9月11日 |
| --- | --- | --- |
| | 年　　　齢 | 事故時29歳 |
| | 性別・職業 | 男性・事業経営 |
| 算　定　の　基　礎　収　入　額 | | |
| 休　　業　　損　　害 | | 年額226万2,540円（平成15年賃金センサス男子高卒25〜29歳平均賃金377万0,900円の60％） |
| 逸　　失　　利　　益 | | 年額294万2,040円（平成15年賃金センサス男子高卒全年齢平均賃金490万3,400円の60％） |

## 1　当事者の主張

(1)　原告の主張

原告の休業損害は、事故前年に出された修正申告書記載の年収461万2,832円を基礎に算定すべきである。また、逸失利益は、平成17年賃金センサス男子学歴計全年齢平均賃金552万3,000円を基礎に算定すべきで

**119**

第2章　事業所得者

ある。

(2)　被告の主張

　原告がいう平成15年修正申告書は、本件事故の約1か月半後になされたものである。一方、修正前の申告所得額は、164万7,393円となっており、この金額を休業損害算定の基礎収入にすべきである。

## 2　解説

　被害者は、**事業所得者**（詳細不明）である。

　判決は、休業損害算定の基礎収入について、事故前年である平成15年分の事業所得については過少申告していた事実を否定できないとして、平成15年賃金センサス高卒男子年齢別平均賃金（年額377万0,900円）の60％に相当する226万2,540円であるとし、また逸失利益算定の基礎収入については、平成17年賃金センサスの高卒男子全年齢平均賃金（年額490万3,400円）の60％に相当する294万2,040円とした。

【2－3－8】ペットショップを経営していた男性について、休業損害・逸失利益とも算定の基礎収入を、賃金センサス男子学歴計全年齢平均賃金とした事例

（神戸地判平20・1・29交民41・1・102　栂村明剛裁判官）

### ＜判決の概要＞

| | | |
|---|---|---|
| 被害者 | 事故日 | 平成13年10月26日 |
| | 年齢 | 症状固定時44歳 |
| | 性別・職業 | 男性・ペットショップ経営 |
| 算定の基礎収入額 | | |
| 休業損害 | | 年額565万9,100円（平成13年賃金センサス男子学歴計全年齢平均賃金） |

120

第3節　サービス事業者

| 逸　失　利　益 | 年額555万4,600円（平成14年賃金センサス男子学歴計全年齢平均賃金） |
|---|---|

## 1　当事者の主張

(1)　原告の主張

　原告は、平成2年頃からペットショップを経営し、本件事故時も店主として稼働していたから、休業損害の基礎収入は、事故前年の売上高2,885万2,168円から、流動経費1,691万2,636円を差し引いた1,193万9,532円となる。

　また、原告の逸失利益は、賃金センサス男子大卒40〜44歳平均賃金775万3,700円を基礎収入として算定すべきである。

(2)　被告の主張

　原告の平成12年の所得を裏付ける確定申告書は、本件事故後に作成されたものであるから信用性が低い。また、逸失利益算定に関し、原告が775万円余りの収入があった蓋然性は認められない。

## 2　解説

　被害者は、**ペットショップ経営者**である。

　判決は、被害者が16年以上もペットショップを経営していることから、休業損害算定の基礎収入として、平成13年賃金センサス男子学歴計の平均賃金である565万9,100円を採用した。また、逸失利益算定の基礎収入として、同じく平成14年の男子学歴計の平均賃金である555万4,600円を採用した。

---

## 【2−3−9】居酒屋経営者の男性について、休業損害算定の基礎収入は従前の収入に基づき日額7,190円とし、逸失利益算定の基礎収入を年額360万円とした事例

**121**

第 2 章　事業所得者

（東京地判平20・2・4交民41・1・148　齋藤顕裁判官）

## ＜判決の概要＞

|被 害 者|事　　故　　日|平成15年 9 月27日|
|---|---|---|
||年　　　　齢|症状固定時56歳|
||性別・職業|男性・居酒屋経営|
|算　定　の　基　礎　収　入　額|||
|休　　業　　損　　害|日額7,190円||
|逸　　失　　利　　益|年額360万円||

## 1　当事者の主張

(1)　原告の主張

　原告の逸失利益は、平均賃金598万3,200円を基礎に算定すべきである。

(2)　被告の主張

　逸失利益は発生していないし、仮に発生していても、従前の収入である年360万円を基礎とすべきである。

## 2　解説

　被害者は、**居酒屋経営者**である。

　判決は、逸失利益算定の基礎収入として、被害者の主張する年額598万3,200円を退け、同人が居酒屋を開店する以前に長年営業していたスナックからの収益（月収30万円程度）を基に、年額360万円を認めた。

【2－3－10】システムエンジニアとして稼働していた男性について、休業損害算定の基礎収入は賃金センサス男子システムエンジニア35～39歳平均賃金とし、逸失利益算定の基礎収入を賃金センサス男子学歴計全年齢平均賃金とした事例

第3節　サービス事業者

（東京地判平19・7・23交民40・4・919　齋藤顕裁判官）

## ＜判決の概要＞

| 被害者 | 事　故　日 | 平成14年10月5日 |
| --- | --- | --- |
| | 年　　　齢 | 事故時35歳 |
| | 性別・職業 | 男性・システムエンジニア |
| 算　定　の　基　礎　収　入　額 | | |
| 休　業　損　害 | | 年額666万7,100円（平成14年賃金センサス男子システムエンジニア35〜39歳平均賃金） |
| 逸　失　利　益 | | 年額576万8,600円（平成15年賃金センサス男子学歴計35〜39歳平均賃金） |

## 1　当事者の主張

(1)　原告の主張

　原告の休業損害は、平成14年10月分が90万円、同年11月から平成15年4月までが540万円、同年5月から平成16年11月末までが1,099万4,257円であるから、合計1,729万4,257円となる。

　原告の逸失利益は、平成15年賃金センサス男子システムエンジニア35〜39歳平均賃金である691万8,800円を基礎に算定すべきである。

(2)　被告の主張

　認める。

(3)　参加人の主張

　原告の休業損害は、平成14年賃金センサス男子学歴計35〜39歳平均賃金588万0,300円を基礎に算出すべきである。

　また、原告の逸失利益は、平成15年賃金センサス男子学歴計35〜39歳平均賃金576万8,600円を基礎に算出すべきである。

## 2　解説

　被害者は、**システムエンジニア**である。

第2章　事業所得者

　判決は、被害者の休業損害について、同人が事故当時35歳のシステムエンジニアであったことから、事故発生年（平成14年）の男性システムエンジニアの35歳から39歳までの平均賃金である666万7,100円を基礎収入とした。また、逸失利益算定の基礎収入については参加人（損保会社）主張の576万8,600円とした。


## 【2－3－11】米穀等の商店を営んでいた男性について、休業損害は認めず、逸失利益算定の基礎収入を各種商品小売業者全労働者平均賃金の70％とした事例

（大阪地判平18・6・14交民39・3・764　古谷恭一郎裁判官ほか）

### ＜判決の概要＞

| 被害者 | 事　故　日 | 平成14年4月15日 |
|---|---|---|
| | 年　　　齢 | 事故時56歳 |
| | 性別・職業 | 男性・米穀等商店自営 |
| 算　定　の　基　礎　収　入　額 | | |
| 休　業　損　害 | | なし |
| 逸　失　利　益 | | 年額321万3,840円（平成14年各種商品小売業者全労働者平均賃金459万1,200円の70％） |

## 1　当事者の主張

(1)　原告の主張

　原告は、事故当時、米穀やＬＰガス、灯油の販売、給湯設備の配管工事、ガソリンスタンドの経営等を行い、原告の妻及び母の生活を支えるほどの収入を得ていたから、休業損害は、平成14年賃金センサス男子学歴計55〜59歳平均賃金645万5,100円の65日分である114万9,538円を下らない。

第3節　サービス事業者

　また、原告の逸失利益は、上記賃金センサス平均賃金を基礎に算定すべきである。

(2)　被告の主張

　原告は自営業であるから、その所得実額を休業損害や逸失利益の基礎収入とすべきであるところ、平成13年度の原告の所得は赤字であり、納税義務を履行していない。仮に、原告の所得が、前記申告額よりも多いと主張したしても、納税義務を果たしていない原告の主張は許されない。

## 2　解説

　被害者は、**米穀店経営者**である。

　判決は、逸失利益算定の基礎収入について、被害者の確定申告上の所得はゼロとされ、また、実際の所得も明らかでないが、しかし、同人は事故により現実に労働能力の一部を喪失しており、それが同人の事業の縮小と関係していることなどの理由から、平成14年度の各種商品小売業全労働者の平均賃金である459万1,200円の70％を得る蓋然性が高いと認め、321万3,840円を基礎収入とした。

---

## 【2－3－12】花屋を営んでいた女性について、休業損害算定の基礎収入は賃金センサス女子高専・短大卒全年齢平均賃金の80％とし、逸失利益算定の基礎収入を同賃金センサス平均賃金とした事例

（東京地判平18・3・14交民39・2・326　湯川浩昭裁判官）

### ＜判決の概要＞

| 被害者 | 事　故　日 | 平成13年3月14日 |
| --- | --- | --- |
| | 年　　　齢 | 症状固定時30歳 |
| | 性別・職業 | 女性・花屋経営 |

**125**

第2章　事業所得者

| 算 定 の 基 礎 収 入 | |
|---|---|
| 休 業 損 害 | 年額306万6,720円（平成14年賃金センサス女子高専・短大卒平均賃金383万3,400円の80％） |
| 逸 失 利 益 | 年額383万3,400円（平成14年賃金センサス女子高専・短大卒平均賃金） |

## 1　当事者の主張

(1)　原告の主張

　原告の営む花屋は、事故前年には1,215万円ほどの売上があり、利益率が少なくとも3割5分程度はあったので、原告の休業損害算定の基礎収入は、少なくとも425万円はあったといえる。

　逸失利益の基礎収入も、上記425万円とすべきであるが、万が一これが認められないとしても、原告は、花屋として独立開業する前には、㈱Tに就職し、年収387万円を得ていたから、少なくとも、平成14年賃金センサス女子高専・短大卒全年齢平均賃金である383万3,400円を基準とすべきである。

(2)　被告の主張

　本件事故より4年も前の収入は参考とすべきではなく、事故前年の収入とすべきである。原告提出の平成12年分の申告書に記載のある金額は信用性が欠けるが、だからといって安易に賃金センサスを用いるべきではなく、現実の収入との権衡を失しない程度の控えめな認定がなされるべきである。

## 2　解説

　被害者は、**花屋**である。

　判決は、被害者の休業損害算定の基礎収入について、事故発生前年に当たる平成12年の青色申告特別控除前の申告額と、減価償却費（固定経費）の合計額が429万9,510円とされていることから、賃金センサス高

126

専・短大卒の女子労働者全年齢平均賃金である383万3,400円の80％に相当する306万6,720円とした。また、逸失利益算定の基礎収入については、上記平均賃金である383万3,400円とした。

## 【2－3－13】バイク店を営んでいた男性について、休業損害算定の基礎収入を、賃金センサス男子学歴計40～44歳平均賃金の80％とした事例　（大阪地判平18・2・7交民39・1・138　植田智彦裁判官）

### ＜判決の概要＞

| 被害者 | 事　故　日 | 平成15年7月29日 |
|---|---|---|
| | 年　　　齢 | 事故時40歳 |
| | 性別・職業 | 男性・バイク店共同経営 |
| 算　定　の　基　礎　収　入 | | |
| 休　業　損　害 | | 年額509万8,400円（平成15年賃金センサス男子学歴計40～44歳平均賃金637万3,000円の80％） |
| 逸　失　利　益 | | なし |

## 1　当事者の主張

（1）　原告の主張

　原告は、妻の営むバイクの販売・修理等を行うバイク店に勤めているが、実質は夫婦共同で経営しており、給料は受け取っていないため、原告の収入を算定することは不可能であるから、休業損害算定の基礎収入は、平成15年賃金センサス男子大卒40～44歳平均賃金779万0,600円を用いるべきである。

（2）　被告の主張

　原告が主張する妻経営のバイク店は、本件事故の1か月前に閉店しており、原告は、事故当時無職であった。よって、原告に休業損害は発生

第2章　事業所得者

していない。

## 2　解説

被害者は、**バイク店経営者**である。

判決は、休業損害算定の基礎収入について、被害者には定まった金額の給料が支払われていないため、賃金センサスの平均賃金を参考にして相当と認める金額を算出せざるを得ないとした上で、事故発生年である平成15年の男子労働者、40歳から44歳までの平均賃金である637万3,000円の80%に相当する509万8,400円を基礎収入とした。

## 【2－3－14】材木商を営んでいた男性について、休業損害・逸失利益とも算定の基礎収入を、賃金センサス男子学歴計65歳以上平均賃金とした事例

（大阪地判平18・2・10交民39・1・156　平井健一郎裁判官）

### ＜判決の概要＞

| 被害者 | 事故日 | 平成14年11月8日 |
|---|---|---|
| | 年齢 | 事故時71歳 |
| | 性別・職業 | 男性・材木商 |
| 算定の基礎収入 | | |
| 休業損害 | | 年額385万3,800円（賃金センサス男子学歴計65歳以上平均賃金） |
| 逸失利益 | | 同上 |

## 1　当事者の主張

(1)　原告（加害者）の主張

被告は、材木商を営むと主張するが、材木の保管場所がないことや、利益の減少を証明するものが全くないこと等からして、被告には本件事

128

故による休業損害及び逸失利益は認められない。

(2) 被告(被害者)の主張

被告の確定申告額は、年間170万円となっているが、これは過少申告である。被告には、妻と孫2人の扶養家族がおり、年額262万円の事業借入金の返済もあるから、所得の実額は500万円を超える額となる。

したがって、休業損害及び逸失利益算定の基礎収入は、賃金センサス男子学歴計65歳以上平均賃金の385万3,800円の採用を求める。

## 2 解説

被害者は、**材木商**である。

判決は、休業損害算定の基礎収入について、事故発生年の前年に当たる平成13年分の確定申告額が170万円であること、平成14年11月の時点で約1,400万円の負債があって年額260万円余りを返済していたこと、事故当時は妻と孫2人の4人で生活していたことが認められることから、少なくとも年齢別平均賃金である385万3,800円程度の収入があったものと認定した。

---

【2-3-15】喫茶店を経営していた男性について、休業損害算定の基礎収入は前年度の収入とし、逸失利益算定の基礎収入を賃金センサス男子規模99人以下調理師全年齢平均賃金とした事例

（名古屋地判平17・10・5交民38・5・1386 城内和昭裁判官）

### ＜判決の概要＞

| 被害者 | 事 故 日 | 平成13年7月10日 |
|---|---|---|
| | 年 齢 | 症状固定時55歳 |
| | 性別・職業 | 男性・喫茶店経営 |
| 算 定 の 基 礎 収 入 | | |

第2章　事業所得者

| 休　業　損　害 | 年額144万3,429円（前年度所得額） |
|---|---|
| 逸　失　利　益 | 年額350万1,600円（平成14年賃金センサス男子企業規模99人以下調理師全年齢平均賃金） |

## 1　当事者の主張

(1)　原告の主張

　原告は、事故当時妻とともに喫茶店を経営していたが、休業損害算定の基礎収入は、事故前年度の確定申告書を基に、所得金額92万5,974円に減価償却費51万7,455円を加えた合計144万3,429円とすべきである。

　しかし、逸失利益算定の基礎収入としては、前記確定申告書の所得は節税対策を講じた上での金額であるため現実とは合致しない。実際の所得は、年間の売上高約1,000万円、営業経費を差し引いた粗利は600万円から700万円であったが、立証手段がないため、55歳平均賃金の月額50万6,100円とするのが相当である。

(2)　被告の主張

　原告の休業損害については不知。

　原告の逸失利益に関しては、事故前年の収入144万3,429円とすべきであるところ、原告がその約4倍もの平均賃金額を得られる蓋然性があったとは到底認められない。また、過少申告をしておきながら、多額の請求を行うことは不当である。

## 2　解説

　被害者は、**喫茶店経営者**である。

　判決は、休業損害算定の基礎収入を、事故前の所得144万3,429円とした。

　また、逸失利益算定の基礎収入については、事故当時、確定申告書記載の金額以上の収入があった可能性が高いが、それを明らかにする証拠はないことから、平成14年賃金センサスの規模99人以下調理師男子労働

第3節　サービス事業者

者の平均賃金である350万1,600円とした。

【2－3－16】妻が経営する焼き鳥屋及びスナック店を任されていた男性について、逸失利益算定の基礎収入を、賃金センサス男子学歴計60～64歳平均賃金の90％とした事例

（大阪地判平14・2・15交民35・1・242　福井健太裁判官）

<判決の概要>

| 被害者 | 事　故　日 | 平成11年11月18日　　　　　　　　　死亡事故 |
|---|---|---|
| | 年　　　齢 | 事故時61歳 |
| | 性別・職業 | 男性・スナック店専任 |
| 算　定　の　基　礎　収　入 | | |
| 逸　失　利　益 | | 年額412万5,960円（平成11年賃金センサス男子学歴計60～64歳平均賃金458万4,400円の90％） |

## 1　当事者の主張

(1)　原告の主張

　亡男は、亡妻の経営する焼き鳥屋及びスナックを専ら任されており、少なくとも賃金センサス男子全年齢平均賃金39万2,100円（月額）と同等の収入を得ていたと言える。よって、当該金額を基礎に逸失利益を算出すべきである。

(2)　被告の主張

　亡男が平均賃金を得られた蓋然性については不知である。

## 2　解説

　被害者は、**スナック店専任**である。

　判決は、逸失利益算定の基礎収入について、スナック店の売上を明らかにする資料が存在しないことから、事故発生年（平成11年）の賃金セ

第 2 章　事業所得者

ンサス男子労働者60～64歳の平均賃金458万4,400円の90％に相当する
412万5,960円とした。

第4節　自由業その他

# 第4節　自由業その他

【2－4－1】イラスト制作の仕事に就いていた男性について、その休
　業損害算定の基礎収入は事故年の申告所得とし、逸失利益算定の基
　礎収入を賃金センサス男子高卒全年齢平均賃金の80％に相当する年
　額370万円とした事例

（大阪地判平27・7・31交民48・4・933　武田瑞佳裁判官）

<判決の概要>

| 被害者 | 事　故　日 | 平成22年11月26日 |
|---|---|---|
| | 年　　　齢 | 症状固定時34歳 |
| | 性別・職業 | 男性・イラスト制作 |
| 算　定　の　基　礎　収　入　額 | | |
| 休　業　損　害 | | 実額56万7,967円 |
| 逸　失　利　益 | | 年額370万円（平成24年賃金センサス男子高卒全年齢平均賃金458万5,100円の80％に相当する額） |

## 1　当事者の主張

(1)　原告の主張

　原告は、事故前年の12月1日にイラスト制作の事業を開始し、同月31日までに29万6,000円の収入を得たので、休業損害算定の基礎収入は、日額9,548円とすべきである。

　また、原告は、今後事業を展開していく途上であったことから、逸失利益算定の基礎収入は、平成21年賃金センサス男子専門学校卒全年齢平均賃金472万4,000円とすべきである。

(2)　被告の主張

**133**

第 2 章　事業所得者

　原告の事故前年の収入は19万6,000円であったから、休業損害は、日額537円を基礎収入とすべきである。また、逸失利益は、19万6,000円を基礎に算定すべきである。

## 2　解説

　被害者は、**イラスト制作業者**である。

　判決は、確定申告額が、事故前年（平成21年）は29万6,000円、事故発生年（平成22年）は40万6,220円、その後3年間は0円だった被害者について、以前大学を中退した後、イラストレーターとして数年間契約した実績があり、当時日給8,000円の給与収入があったことなどの事実から、逸失利益算定の基礎収入を、賃金センサス高卒男子労働者の平均賃金458万5,100円の約8割に相当する年額370万円とした。

## 【2－4－2】集金や契約取次業務等を委託された男性について、休業損害・逸失利益とも算定の基礎収入を、賃金センサス男子学歴計55～59歳平均賃金とした事例

（名古屋地判平22・1・8交民48・1・8　横井健太郎裁判官）

### ＜判決の概要＞

| 被 害 者 | 事　故　日 | 平成20年8月24日 |
|---|---|---|
| | 年　　　齢 | 症状固定時61歳 |
| | 性別・職業 | 男性・集金や契約取次業務 |
| 算 定 の 基 礎 収 入 額 | | |
| 休 業 損 害 | | 年額638万2,100円（平成20年賃金センサス男子学歴計55～59歳平均賃金） |
| 逸 失 利 益 | | 年額629万2,600円（平成24年賃金センサス男子学歴計55～59歳平均賃金） |

第4節　自由業その他

## 1　当事者の主張

(1)　原告の主張

　原告の事故前年の年収は、750万2,386円であり、その前年及び前々年も同程度の収入であったから、この金額を基礎に、原告の休業損害及び逸失利益の算定をすべきである。

(2)　被告の主張

　原告の休業損害及び逸失利益算定の基礎収入は、確定申告書における所得金額450万1,432円とすべきである。

## 2　解説

　被害者は、**委託業務取扱業**である。

　判決は、被害者の申告所得が、平成17年は420万1,559円、平成18年は480万9,033円、平成19年は450万1,432円と比較的安定していたことから、休業損害については、事故発生年（平成20年）の賃金センサス男子55～59歳の平均賃金である638万2,100円を、また、逸失利益については、症状固定時である平成24年のそれ（629万2,600円）を、それぞれ基礎収入と認めた。

---

【2－4－3】放送作家として稼働していた男性について、休業損害算定の基礎収入を、賃金センサス男子学歴計45～49歳平均賃金とした事例　　（大阪地判平22・5・26交民43・3・712　小倉真樹裁判官）

### ＜判決の概要＞

| 被害者 | 事　故　日 | 平成18年2月8日 |
|---|---|---|
| | 年　　　齢 | 事故時47歳 |
| | 性別・職業 | 男性・放送作家 |
| 算　定　の　基　礎　収　入　額 | | |

135

第 2 章　事業所得者

| 休　業　損　害 | 年額689万3,900円（平成20年賃金センサス男子学歴計45〜49歳平均賃金） |
|---|---|

## 1　当事者の主張

(1)　原告の主張

　原告は、傷害による稼働減少により、仕事を受注できなかった逸失利益682万9,000円の損害が生じている。仮にそれが認められないとしても、事故前3か年の平均所得と本件事故後の所得を比較すると、535万1,809円の減少が生じているので、本件事故による損害は、これを下回らない。

(2)　被告の主張

　争う。

## 2　解説

　被害者は、**放送作家**である。

　判決は、被害者の申告所得は、平成15年が1,236万0,711円、平成16年が1,194万2,056円、平成17年が1,010万9,775円、平成18年が609万3,838円、平成19年が852万0,377円であったと認定した上で、同人の平均所得の減少と、本件事故との間の相当因果関係を認めることはできないとした。その上で、判決は、被害者の休業損害算定の基礎収入として、平成20年賃金センサス男子45〜49歳の平均賃金689万3,900円を採用した。

## 【2－4－4】露天商の男性について、状況や生活ぶりから、休業損害・逸失利益とも算定の基礎収入を、400万円とした事例

（東京地判平21・8・26交民42・4・1060　鈴木正弘裁判官）

第 4 節　自由業その他

＜判決の概要＞

| | | |
|---|---|---|
| **被害者** | **事　故　日** | 平成17年 4 月15日 |
| | **年　　　齢** | 症状固定時60歳 |
| | **性別・職業** | 男性・露天商 |
| **算　定　の　基　礎　収　入　額** | | |
| **休　業　損　害** | | 年額400万円 |
| **逸　失　利　益** | | 同上 |

## 1　当事者の主張

(1)　原告の主張

　原告は、事故当時、月額75万円程度の収入があり、夏休みや年末年始にはその何倍も収入があったことから、平成17年賃金センサス男子学歴計55〜59歳平均賃金である638万1,500円程度の収入は確実にあった。原告の休業損害は、当該平均賃金を基礎に算定すべきである。

　また、原告の逸失利益も、平成18年賃金センサス男子学歴計60〜64歳平均賃金の430万4,400円を基礎に算定すべきである。

(2)　被告の主張

　休業損害や逸失利益の算定に当たっては、原告の現実収入によるべきである。

## 2　解説

　被害者は、**露天商**である。

　判決は、被害者の休業損害及び逸失利益算定の基礎収入として、同人が、平成12、13年頃から、12人程度のグループで露天商を営んでいたこと、また、特に経済的に困窮していた様子もなかったこと、また、賃金センサス平成17年男子労働者の平均賃金が552万3,000円であったことから、その年収を400万円と認定した。

**137**

第2章　事業所得者

【2－4－5】陶芸家として稼働していた男性について、休業損害算定
　　　の基礎収入は事故前年の所得とし、逸失利益算定の基礎収入を賃金
　　　センサス高専・短大卒35～39歳平均賃金の90％とした事例

（佐賀地判平21・8・7交民42・4・1010　野尻純夫裁判官ほか）

### ＜判決の概要＞

| 被害者 | 事　故　日 | 平成17年5月15日 |
|---|---|---|
| | 年　　　齢 | 事故時34歳 |
| | 性別・職業 | 男性・陶芸家 |
| 算　定　の　基　礎　収　入　額 | | |
| 休　業　損　害 | | 年額301万4,422円（事故前年の所得金額） |
| 逸　失　利　益 | | 年額477万0,720円（平成19年賃金センサス高専・短大卒35～39歳平均賃金530万0,800円の90％） |

## 1　当事者の主張

(1)　原告の主張

　原告は、事故当時、陶芸家として稼働していたが、原告の卒業した○○陶芸大学校は高専、短大と同等であるから、原告の休業損害算定の基礎収入は、事故年である平成17年の賃金センサス高専・短大卒35～39歳平均賃金の538万4,500円とすべきである。

　また、原告の逸失利益算定の基礎収入は、平成18年賃金センサス高専・短大卒35～39歳平均賃金の536万1,600円とすべきである。

(2)　被告の主張

　原告の実収入は立証されており、事故前年の所得が301万4,422円ということであるから、休業損害及び逸失利益の算出は、この実収入によるべきである。

第4節　自由業その他

## 2　解説

被害者は、**陶芸家**である。

判決は、被害者の休業損害算定の基礎収入を、事故発生前年（平成16年度）の所得301万4,422円としたが、逸失利益算定の基礎収入については、陶芸家という職業から、将来的に収入が増大する可能性を認めて、平成19年賃金センサス高専・短大卒35～39歳の平均賃金である530万0,800円の90％に相当する477万0,720円とした。

## 【2－4－6】時計古物商の男性について、休業損害・逸失利益とも算定の基礎収入を、事故前3年分は無申告であったため、事故から4年前の申告所得額とした事例

（東京地判平21・6・24交民42・3・794　小野瀬昭裁判官）

### ＜判決の概要＞

| 被害者 | 事　故　日 | 平成16年10月25日 |
|---|---|---|
| | 年　　　齢 | 症状固定時56歳 |
| | 性別・職業 | 男性・時計古物商 |
| 算　定　の　基　礎　収　入　額 | | |
| 休　業　損　害 | | 年額507万6,800円（事故4年前の所得金額） |
| 逸　失　利　益 | | 同上 |

## 1　当事者の主張

(1)　原告の主張

原告の休業損害及び逸失利益算定の基礎収入は、事故前年の粗利2,253万4,810円から経費（レンタカー代）を差し引いた、2,146万3,810円である。

(2)　被告の主張

**139**

第2章　事業所得者

原告の主張する売上は信用性がない。また、経費については、平成12年分の確定申告には地代家賃、光熱費等が計上されているし、平成16年の修正申告書にも地代家賃や光熱費等が計上されている。よって、休業損害及び逸失利益算定の基礎収入は、平成12年分の確定申告書記載の所得428万2,000円に固定経費を加えた、507万6,800円とするのが相当である。

## 2　解説

被害者は、**時計古物商**である。

判決は、被害者の休業損害及び逸失利益算定の基礎収入として、事故前の確定申告の内容に従って算出するのが相当であるとの立場から、事故発生年から4年前の平成12年のそれによらざるを得ないとし、所得428万2,000円に固定経費として貸倒金70万円及び地代家賃9万4,800円を加えた507万6,800円と認定した。

## 【2－4－7】雑貨・絵画等を海外から輸入し販売をしていた男性について、休業損害・逸失利益とも算定の基礎収入を、賃金センサス男子学歴計50〜54歳平均賃金の60％とした事例

（千葉地判平20・9・29交民41・5・1304　山田順子裁判官）

### ＜判決の概要＞

| 被害者 | 事　故　日 | 平成17年7月13日 |
| --- | --- | --- |
| | 年　　　齢 | 事故時50歳 |
| | 性別・職業 | 男性・輸入雑貨販売業者 |
| 算　定　の　基　礎　収　入　額 | | |
| 休　業　損　害 | | 年額406万6,740円（平成17年賃金センサス男子学歴計50〜54歳平均賃金677万7,900円の60％） |

第4節　自由業その他

| 逸　失　利　益 | 同上 |
|---|---|

## 1　当事者の主張

(1)　原告の主張

　原告は、25年ほど前から、インドや東南アジアなどで3〜4か月ほど過ごして現地の雑貨や絵画等を買い付け、それを日本で販売する仕事を主に行っていた。確定申告はしておらず、公的に所得を証明するものがないため、休業損害算定の基礎収入は、平成16年賃金センサス男子50〜54歳平均賃金561万1,700円を用いて算出すべきである。

　また、逸失利益は、平成18年賃金センサス男子学歴計50〜54歳平均賃金687万5,000円とすべきである。

(2)　被告の主張

　原告の就労状況及び収入状況は全く不明であるから、休業損害が生じたとは認められない。また、原告には後遺障害が残っていないから、逸失利益も認められない。

## 2　解説

　被害者は、**輸入雑貨販売業者**である。

　判決は、被害者の休業損害及び逸失利益算定の基礎収入について、同人が、海外から雑貨や絵画を輸入して販売を行ったり、アルバイトをしていたことを認め、また、事故当時の売上、経費、収入、所得等を示すものを一切提出しないとしつつも、事故当時、県営住宅で息子と同居し、通常の日常生活を営んでいたことから、平成17年賃金センサス男子労働者50歳から54歳までの平均賃金677万7,900円の6割程度の収入（406万6,740円）があったものと認めた。

**141**

第 2 章　事業所得者

【2－4－8】 飲食店のホステスをしていた女性について、逸失利益算
　　　定の基礎収入を、賃金センサス女子学歴計全年齢平均賃金とした事
　　　例　　　　　　（大阪地判平20・1・23交民41・1・44　富岡貴美裁判官）

<判決の概要>

| 被 害 者 | 事　故　日 | 平成13年7月1日 |
| | 年　　　齢 | 事故時30歳 |
| | 性別・職業 | 女性・ホステス |
| 算 定 の 基 礎 収 入 額 | | |
| 休　業　損　害 | | 実額781万7,054円（当事者間に争いがない。） |
| 逸　失　利　益 | | 年額349万0,300円（平成15年賃金センサス女子学歴計全年齢平均賃金） |

## 1　当事者の主張

(1)　原告の主張

　原告は、事故当時ホステスとして勤務しており、当時の年収は440万9,930円であったから、当該金額を基礎に逸失利益を算出すべきである。

(2)　被告の主張

　原告の基礎収入は、平成15年賃金センサス女子学歴計全年齢平均賃金の349万0,300円が相当である。

## 2　解説

　被害者は、**ホステス**である。

　判決は、被害者の逸失利益算定の基礎収入として、被害者が事故前3か月間に月平均36万2,466円の収入を得ていたと認めつつ、給与所得者と異なり相当額の経費を要すること、ホステスとしての就労期間が約14か月と短いこと、及び同人の学歴・職歴・年齢も考慮して、賃金センサス平成15年全年齢女子平均賃金の349万0,300円を認めた。

142

第4節　自由業その他

【2－4－9】画家である父親の助手及び画廊兼飲食店の手伝いをして
　　　いた男性について、休業損害及び逸失利益算定の基礎収入を、賃金
　　　センサス男子中卒35～39歳平均賃金の60％とした事例

（千葉地判平19・6・26交民40・3・793　高橋彩裁判官）

＜判決の概要＞

| 被害者 | 事　故　日 | 平成14年10月15日 |
| | 年　　齢 | 症状固定時37歳 |
| | 性別・職業 | 男性・家業の画廊兼飲食店手伝い |
| 算　定　の　基　礎　収　入　額 | | |
| 休　　業　　損　　害 | | 年額264万9,300円（平成14年賃金センサス男子中卒35～39歳平均賃金441万5,500円の60％） |
| 逸　　失　　利　　益 | | 同上 |

## 1　当事者の主張

(1)　原告の主張

　原告は、事故当時、父母と同居し父親が経営する画廊の助手を行っていたが、給料は定期的にではなく必要に応じて支給されていた。家事労働者であっても休業損害は認められるべきであるから、原告の休業損害は、平成14年賃金センサス男子中卒35～39歳平均賃金の441万5,500円を基礎として算出されるべきである。

　また、原告は、中学卒業後、23歳まで鉄管溶接工場に勤務し、その後、画廊兼飲食店にて稼働していた事実がある。原告には、労働能力及び労働意欲は充分あったのであるから、将来、平均賃金程度の収入を得る可能性は十分にあった。よって、原告の逸失利益も、上記休業利益と同じ基礎収入441万5,500円で算出すべきである。

(2)　被告の主張

**143**

第2章　事業所得者

　原告は、納税をしておらず、父親も原告に対する給料支払を税務申告の際に計上していないことから、原告に対する金銭の授受は、単なるお小遣いの授受にすぎない。よって、原告の休業損害は認められない。

　また、原告の逸失利益算定の基礎収入は、現実収入額によるべきであるが、仮に現実収入の立証がない場合は、千葉県の最低賃金額130万9,440円を採用すべきである。

**2　解説**

　被害者は、**家業手伝い**である。

　判決は、被害者について、事故当時は父母と同居し、画家である父のアトリエで父のために画材等の買い出しなどの雑用全般を行っていたが、父から給料は受け取っていなかったと認め、その他休業損害及び逸失利益算定の基礎収入を、賃金センサス平成14年男子労働者中卒35〜39歳までの平均賃金（441万5,500円）の60％に当たる264万9,300円とした。

**【2−4−10】移動式ラーメン店を経営していた男性について、休業損害は認めず、逸失利益算定の基礎収入を賃金センサス全労働者学歴計50〜54歳平均賃金の70％とした事例**

（東京地判平19・1・17交民40・1・69　浅岡千香子裁判官）

**＜判決の概要＞**

| 被害者 | 事　故　日 | 平成15年10月13日 |
| --- | --- | --- |
| | 年　　　齢 | 年齢不明 |
| | 性別・職業 | 男性・移動式ラーメン店経営 |
| 算　定　の　基　礎　収　入　額 | | |
| 休　業　損　害 | | なし |

144

第4節　自由業その他

| 逸　失　利　益 | 年額408万8,910円（平成16年賃金センサス全労働者学歴計50〜54歳平均賃金584万1,300円の70％） |

## 1　当事者の主張

(1)　原告の主張

　原告は㈲甲野建設の代表取締役として、事故前年度は年額960万円の収入を得ていた。よって、原告の休業損害及び逸失利益は960万円を基礎に算出すべきである。

(2)　被告の主張

　原告の事故後の役員報酬が、事故前よりも高額な1,200万円となっており、休業損害は一切認められるべきではない。また、後遺障害の発生は認められないので、逸失利益も発生していない。決算書上も、原告が得る役員報酬は全く減額されていないことから、逸失利益は発生していない。

## 2　解説

　被害者は、**移動式ラーメン店営業**である。

　判決は、同人の休業損害について、ラーメン店による収入を具体的に認定できないことを理由に否定した。しかし、逸失利益については、被害者が過去に解体業を行っていたこと、事故は被害者が移動式ラーメン店の営業を始めてすぐに生じたこと、事故直近の具体的収入が不明であることなどから、賃金センサス平成16年全労働者50〜54歳までの平均賃金である584万1,300円の70％に当たる408万8,910円を基礎収入として認めた。

**145**

第 2 章　事業所得者

## 【2－4－11】画家の男性について、休業損害及び逸失利益算定の基礎収入を、絵の売上額の60％とした事例

（大阪地判平18・6・16交民39・3・786　平井健一郎裁判官）

### ＜判決の概要＞

| 被害者 | 事　故　日 | 平成13年1月31日 |
|---|---|---|
| | 年　　　齢 | 症状固定時61歳 |
| | 性別・職業 | 男性・画家 |
| 算　定　の　基　礎　収　入　額 | | |
| 休　　業　　損　　害 | | 年額510万6,000円（絵の売上額851万円の60％） |
| 逸　　失　　利　　益 | | 同上 |

## 1　当事者の主張

⑴　原告の主張

原告の事故前年の確定申告の所得額610万円は過少申告であり、実際には851万円の売上があった。よって、原告の休業損害及び逸失利益算定の基礎収入は、売上851万円から原価200万円及び経費60万円を控除した591万円とするのが相当である。

⑵　被告の主張

原告の基礎年収は、申告所得額である275万円とすべきである。申告所得よりも実際の所得が多かったという主張は、クリーンハンズの原則からは認められない。

## 2　解説

被害者は**画家**である。

判決は、事故前年（平成12年）の画家としての売上げは851万円であり、信用性が認められるとしたが、他方、経費については十分な立証がされたとはいえず、また、同年の確定申告額も275万円と低額であった

146

第4節　自由業その他

ことから、売上げである851万円の60％に当たる510万6,000円を、休業
損害及び逸失利益算定の基礎収入とした。

---

## 【2－4－12】ホステスの女性について、休業損害算定の基礎収入を、賃金センサス女子学歴計全年齢平均賃金とした事例

（名古屋地判平17・7・13交民38・4・947　城内和昭裁判官）

### ＜判決の概要＞

| 被害者 | 事　故　日 | 平成15年4月24日 |
|---|---|---|
| | 年　　　齢 | 年齢不明 |
| | 性別・職業 | 女性・ホステス |
| 算　定　の　基　礎　収　入　額 | | |
| 休　　業　　損　　害 | | 年額349万0,300円（平成15年賃金センサス女子学歴計全年齢平均賃金） |
| 逸　　失　　利　　益 | | なし |

### 1　当事者の主張

(1)　反訴原告の主張

　反訴原告は、事故当時ホステスとして勤務していたが、事故前年の給
与総額が638万0,400円だったので、これを日給に換算した1万7,480円
を基礎に休業損害を算定すべきである。

(2)　反訴被告の主張

　反訴原告の事故年（平成15年）の所得証明書の給与収入は180万円と
されているが、信用できない。

### 2　解説

　被害者は、**ホステス**である。

　判決は、被害者がクラブにおいてホステスの仕事をしており、1か月

**147**

第 2 章　事業所得者

間に20日間程度出勤していたことが認められることから、休業損害算定
の基礎収入を、平成15年賃金センサス女子労働者全年齢平均賃金である
349万0,300円とした。

# 第3章　家事従事者

第1節　専業主婦

# 第1節　専業主婦

【3－1－1】58歳専業主婦について、休業損害算定の基礎収入は事故
年の賃金センサス女子学歴計全年齢平均賃金とし、逸失利益算定の
基礎収入を症状固定年の同60～64歳平均賃金とした事例

（大阪地判平29・1・31交民50・1・84　毛利友哉裁判官）

＜判決の概要＞

| 被害者 | 事　故　日 | 平成24年11月24日 |
| --- | --- | --- |
| | 年　　　齢 | 事故時58歳 |
| | 性別・職業 | 女性・専業主婦 |
| 算　定　の　基　礎　収　入　額 | | |
| 休　　業　　損　　害 | | 年額354万7,200円（平成24年賃金センサス女子学歴計全年齢平均賃金） |
| 逸　　失　　利　　益 | | 年額310万8,500円（平成26年賃金センサス女子学歴計60～64歳平均賃金） |

## 1　当事者の主張

(1)　原告の主張

　原告は、家事労働に従事していたところ、事故により症状固定日まで家事労働ができなかった。同期間については、平成24年賃金センサス女子全年齢平均賃金354万7,200円を基礎として計算すべきである。

　また、原告の逸失利益も、上記金額を基礎として計算すべきである。

(2)　被告の主張

　休業損害も逸失利益も否認する。

**151**

第 3 章　家事従業者

## 2　解説

　被害者は、**専業主婦（事故時58歳）**である。

　判決は、被害者が本件事故による傷害（又は障害）のため家事労働に支障を来たしたことを認め、休業損害については平成24年度賃金センサス女子全年齢平均賃金である354万7,200円を基礎収入とし、また、逸失利益については同女の年齢等も踏まえ、平成26年度賃金センサス女子60～64歳までの平均賃金である310万8,500円を基礎収入とした。

---

## 【3－1－2】夫と2人暮らしの78歳専業主婦について、休業損害及び逸失利益算定の基礎収入を、賃金センサス女子学歴計70歳以上平均賃金の80%とした事例

（大阪地判平28・12・12交民49・6・1451　武田瑞佳裁判官ほか）

### ＜判決の概要＞

| 被害者 | 事　故　日 | 平成21年5月12日 |
| --- | --- | --- |
|  | 年　　　齢 | 事故時78歳 |
|  | 性別・職業 | 女性・専業主婦 |
| 算 定 の 基 礎 収 入 額 | | |
| 休　業　損　害 | | 年額206万8,640円（平成21年賃金センサス女子学歴計70歳以上平均賃金326万0,800円の80%） |
| 逸　失　利　益 | | 年額231万7,520円（平成22年賃金センサス女子学歴計70歳以上平均賃金289万6,900円の80%） |

## 1　当事者の主張

(1)　原告の主張

　原告は、家事労働に従事していたところ、事故により症状固定日まで家事労働ができなかった。同期間については、平成23年賃金センサス女

第1節　専業主婦

子全年齢平均賃金355万9,000円を基礎として計算すべきである。

　また、原告の逸失利益も、上記金額を基礎として計算すべきである。

(2)　被告の主張

　休業損害の期間を争う。逸失利益も争う。

## 2　解説

　被害者は、**専業主婦（事故時78歳）**である。

　判決は、被害者が、夫と2人暮らしであり、本件事故当時78歳の家事従事者であったことから、平成21年賃金センサス女子70歳以上の平均賃金である289万6,900円の8割（231万7,520円）を逸失利益算定の基礎収入とした。

## 【3－1－3】夫と2人暮らしの71歳専業主婦について、その死亡による逸失利益を、賃金センサス女子学歴計70歳以上平均賃金で算定した事例　（東京地判平28・9・7交民49・5・1109　山﨑克人裁判官）

### ＜判決の概要＞

| 被害者 | 事　故　日 | 平成27年5月31日　　　　　　　死亡事故 | |
|---|---|---|---|
| | 年　　　　齢 | 事故時71歳 | |
| | 性別・職業 | 女性・専業主婦 | |
| 算　定　の　基　礎　収　入　額 | | | |
| 逸　失　利　益 | | 年額319万1,900円（平成26年賃金センサス女子学歴計70歳以上平均賃金） | |

## 1　当事者の主張

(1)　原告の主張

　亡女は、死亡当時71歳であり、夫である原告と同居して主婦として稼働していた。逸失利益は、平成26年賃金センサス女子学歴計70歳以上平

第3章　家事従業者

均賃金の319万1,900円を基礎収入として算定すべきである。

(2)　被告の主張

　　否認する。

## 2　解説

　　被害者は、**専業主婦（事故時71歳）**である。

　　判決は、被害者が、夫と2人暮らしであり、本件事故当時71歳の家事従事者であったことから、平成26年賃金センサス女子70歳以上の平均賃金である319万1,900円を逸失利益算定の基礎収入とした。

## 【3－1－4】視力障害のある長男のために家事労働を一定程度行っていた80歳男性について、休業損害及び逸失利益算定の基礎収入を、賃金センサス女子学歴計70歳以上平均賃金の30％とした事例

（名古屋地判平28・9・30交民49・5・1182　加藤員祥裁判官）

＜判決の概要＞

<table>
<tr><td rowspan="3">被 害 者</td><td>事　故　日</td><td>平成26年11月19日</td></tr>
<tr><td>年　　　齢</td><td>事故時80歳</td></tr>
<tr><td>性別・職業</td><td>男性・専業主夫</td></tr>
<tr><td colspan="3" align="center">算　定　の　基　礎　収　入　額</td></tr>
<tr><td>休　業　損　害</td><td colspan="2">年額95万7,570円（平成26年賃金センサス女子学歴計70歳以上平均賃金319万1,900円の30％）</td></tr>
<tr><td>逸　失　利　益</td><td colspan="2">同上</td></tr>
</table>

## 1　当事者の主張

(1)　原告の主張

　　原告と同居している長男は、糖尿病網膜症を患っており日常の家事が一切できないため、原告は、食事の用意、掃除、洗濯等の家事労働を

第1節　専業主婦

行っていた。原告は、本件事故により利き手の右手を使えなくなり、一切家事ができなくなった。原告の休業損害は、同年代の女性労働者の平均賃金である平成26年賃金センサス女子学歴計70歳以上の平均賃金319万1,900円を基礎として算出すべきである。

また、原告の逸失利益も、上記金額を基礎として計算すべきである。

(2)　被告の主張

長男が日常の家事を一切できないような状況にあるとは言えず、また、原告の年齢や性別を勘案すると、金銭的に評価され得るような家事労働に従事していたとは認められない。

そもそも原告には、家事労働能力を制限するほどの傷病があったとは認められないから、逸失利益も認められない。

**2　解説**

被害者は、**専業主夫（事故時80歳）**である。

判決は、被害者が、視力に障害のある長男と同居し、長男のために家事労働に一定程度従事していたこと、被害者の年齢（80歳）、性別などを考慮し、平成26年度70歳以上の女子平均賃金319万1,900円の30％に当たる95万7,570円を逸失利益算定の基礎収入とした。

**【3−1−5】息子及び孫と同居し家事全般を担っていた76歳専業主婦について、休業損害及び逸失利益算定の基礎収入を、賃金センサス女子学歴計70歳以上平均賃金の30％とした事例**

（名古屋地判平28・10・21交民49・5・1236　大原純平裁判官）

**155**

第 3 章　家事従業者

＜判決の概要＞

| | | |
|---|---|---|
| **被 害 者** | **事　故　日** | 平成25年10月1日 |
| | **年　　　齢** | 事故時76歳 |
| | **性別・職業** | 女性・専業主婦 |
| **算　定　の　基　礎　収　入　額** | | |
| **休　　業　　損　　害** | | 年額283万5,200円（平成25年賃金センサス女子学歴計70歳以上平均賃金） |
| **逸　　失　　利　　益** | | 同上 |

## 1　当事者の主張

(1)　原告の主張

　原告は、息子（会社員）及び孫（高校生）と同居しており、全ての家事を1人で行っていた。休業損害及び逸失利益算定には、平成24年賃金センサス女子学歴計70歳以上平均賃金の295万6,000円を基礎収入として算定すべきである。

(2)　被告の主張

　原告は、本件事故時、関節リウマチで治療中であったことから、基礎収入は一定の減額をすべきである。

## 2　解説

　被害者は、**専業主婦（事故時76歳）**である。

　判決は、被害者が、子及び孫と同居しており、本件事故当時76歳の家事従事者であったことから、平成25年賃金センサス女子70歳以上の平均賃金である283万5,200円を逸失利益算定の基礎収入とした。

第1節　専業主婦

【3－1－6】長男と2人暮らしをしており、施設に入院している次男
　を週に1回程度訪れていた71歳専業主婦について、逸失利益算定の
　基礎収入を、賃金センサス女子学歴計全年齢平均賃金の70％とした
　事例　　（京都地判平28・10・25交民49・5・1243　大野祐輔裁判官）

<判決の概要>

| 被害者 | 事　故　日 | 平成26年9月5日　　　　　　　　　　　死亡事故 |
|---|---|---|
| | 年　　　齢 | 事故時71歳 |
| | 性別・職業 | 女性・専業主婦 |
| 算　定　の　基　礎　収　入　額 | | |
| 逸　失　利　益 | | 年額254万円（平成26年賃金センサス女子学歴計全年齢平均賃金364万1,200円の約70％） |

## 1　当事者の主張

(1)　原告の主張

　事故当時、亡女は、原告である長男（46歳・塾講師アルバイト）と2人で暮らしており、家事の全般をおこなっていた。また、施設に入っていた同じく原告の次男の下に週に1回は訪れ、世話をしていた。亡女の逸失利益算定には、平成24年賃金センサス女子学歴計全年齢平均賃金の354万7,200円を基礎収入とすべきである。

(2)　被告の主張

　亡女は、事故当時71歳であるから、女子全年齢平均賃金を用いることはできない。

## 2　解説

　被害者は、**専業主婦（事故時71歳）**である。

　判決は、被害者が、子と同居して家事を行い、また、施設に入っている次男の下を少なくとも週1回は訪れて世話をしていたことから、平成

第3章　家事従業者

26年女子平均賃金364万1,200円の約70％に相当する254万円を逸失利益
算定の基礎収入とした。

【3－1－7】高校教諭を定年退職後、正社員で働く妻のために家事を
　　　　　担っていた71歳男性の逸失利益について、基礎収入を、賃金セン
　　　　　サス女子学歴計全年齢平均賃金の80％とした事例

（大阪地判平28・5・13交民49・3・583　相澤千尋裁判官）

### ＜判決の概要＞

| 被害者<br>（死亡） | 事　故　日 | 平成26年5月29日　　　　　　　　　　　死亡事故 |
| | 年　　　齢 | 事故時71歳 |
| | 性別・職業 | 男性・専業主夫 |
| 算　定　の　基　礎　収　入　額 | | |
| 逸　失　利　益 | | 年額291万2,960円（平成26年賃金センサス女子学歴<br>計全年齢平均賃金364万1,200円の80％） |

## 1　当事者の主張

(1)　原告の主張

　亡男は、事故当時健康であり、就職の勧誘も受けており、就労の蓋然
性があったことから、平成25年賃金センサス男子大卒70歳以上平均賃金
の613万4,800円を基礎にして逸失利益を算定すべきである。

　仮に就労の蓋然性が認められない場合でも、亡男は家事労働に従事し
ていたから、平成25年賃金センサス女子全年齢学歴計平均賃金353万
9,300円を基礎に算定すべきである。

(2)　被告の主張

　亡男には就労の蓋然性は認められないし、以前、亡男と原告が共働き
だった頃には原告が家事全般を行っていたこと等からすれば、亡男が主

第1節　専業主婦

夫業に従事していたとは評価できない。

### 2　解説

被害者は、**専業主夫（事故時71歳）**である。

判決は、被害者が65歳で高校教員を定年退職した後、妻と2人暮らしで家事を担っていたことから、平成26年女子平均賃金364万1,200円の8割に当たる291万2,960円を逸失利益算定の基礎収入とした。

## 【3－1－8】子・孫ら計8人で住んでいた82歳の専業主婦の逸失利益について、基礎収入を、賃金センサス女子学歴計全年齢平均賃金の30％とした事例

（神戸地判平28・5・18交民49・3・601　河本寿一裁判官）

### ＜判決の概要＞

| 被害者<br>（死亡） | 事　故　日 | 平成25年3月1日　　　　　　　　死亡事故 |
|---|---|---|
| | 年　　　齢 | 事故時82歳 |
| | 性別・職業 | 女性・専業主婦 |
| 算　定　の　基　礎　収　入　額 | | |
| 逸　失　利　益 | | 年額118万6,333円（平成23年賃金センサス女子学歴計全年齢平均賃金355万9,000円の3分の1） |

### 1　当事者の主張

(1)　原告の主張

亡女は、事故当時、原告である長女と長女の夫、原告の長男夫婦及びその子2人、原告の次男との計8人暮らしであったが、原告は、仕事で家事に手が回らず、また、原告の長男の妻も子供の食物アレルギーにより家事労働ができない状態であったため、当時健康状態が良好であった亡女が家事労働の大半を引き受けていた。

**159**

第3章　家事従業者

　8人暮らしの家事労働量は一般的な主婦と比較して相当過重であったから、平成23年賃金センサス女子学歴計全年齢平均賃金の355万9,000円を基礎にして逸失利益を算定すべきである。

(2)　被告の主張

　原告の長男の妻は専業主婦であり、原告の次男も無職で、家事労働を手伝える状況にあったから、亡女が家事労働を全て行っていたものではない。また、82歳の高齢な亡女が、8人家族の家事を1人で行っていたとは社会通念上考えられない。よって、基礎年収は、平成23年賃金センサス女子学歴計70歳以上平均賃金の300万4,800円の30％とすべきである。

2　解説

　被害者は、**専業主婦（事故時82歳）**である。

　判決は、被害者が家事労働を行っていたことを裏付ける的確な証拠がないこと、同人が82歳の高齢であったこと及び同人の同居家族が同人を含め8人と多人数であったことなどの事情から、平成23年女子平均賃金355万9,000円の3分の1に当たる118万6,333円を逸失利益（家事労働分）算定の基礎収入とした。

**【3－1－9】事故当時、夫及び子供と3人暮らしをしていた75歳の専業主婦について、休業損害算定の基礎収入は事故年の賃金センサス女子学歴計全年齢平均賃金とし、逸失利益算定の基礎収入を症状固定年の賃金センサス女子学歴計70歳以上平均賃金とした事例**

（東京地判平28・1・22交民49・1・55　磯尾俊明裁判官）

第1節　専業主婦

＜判決の概要＞

| | | |
|---|---|---|
| **被害者** | **事　故　日** | 平成23年6月27日 |
| | **年　　　齢** | 事故時75歳 |
| | **性別・職業** | 女性・専業主婦 |
| **算　定　の　基　礎　収　入　額** | | |
| **休　　業　　損　　害** | | 年額355万9,000円（平成23年賃金センサス女子学歴計全年齢平均賃金） |
| **逸　　失　　利　　益** | | 年額295万6,000円（平成24年賃金センサス女子学歴計70歳以上平均賃金） |

## 1　当事者の主張

(1)　原告の主張

　事故当時、原告は、夫と長男の3人暮らしであり、男女別の賃金センサスを用いるのは相当ではなく、むしろ男子全年齢の賃金センサスを用いるべきであり、また、民間企業の労働者の給与だけでなく公務員の給与も反映させた数値を用いるのが相当であることから、休業損害算定の基礎収入は、年額556万0,264円とするのが相当である。

　また、逸失利益算定の基礎収入も、同じように考えて、年額552万5,275円とするのが相当である。

(2)　被告の主張

　仮に原告の休業損害が認められるとしても、算定の基礎収入には、賃金センサス女子学歴計70歳以上を用いるのが相当である。また、逸失利益算定の基礎年収についても同様である。

## 2　解説

　被害者は、**専業主婦（事故時75歳）**である。

　判決は、被害者が家事労働を担っていたことを認め、休業損害及び逸失利益の双方を認めたが、逸失利益算定の基礎収入については、295万

**161**

第 3 章　家事従業者

6,000円の限度でしか認めなかった。

## 【3－1－10】44歳の長女と 2 人暮らしをして全面的に家事を受け持っ ていた77歳専業主婦の逸失利益について、その基礎収入を、賃金セ ンサス女子学歴計70歳以上平均賃金とした事例

（大阪地判平27・10・22交民48・ 5 ・1286　梅澤利昭裁判官）

### ＜判決の概要＞

| 被害者<br>（死亡） | 事　故　日 | 平成26年 4 月14日　　　　　　　　　死亡事故 |
| | 年　　　　齢 | 事故時77歳 |
| | 性別・職業 | 女性・専業主婦 |
| 算 　定　 の　 基　 礎　 収　 入　 額 | | |
| 逸　失　利　益 | | 年額283万5,200円（平成25年賃金センサス女子学歴<br>計70歳以上平均賃金） |

## 1　当事者の主張

(1)　原告の主張

　亡女は、原告と同居していたが、原告は仕事をしていたため、亡女が全面的に家事を担当していたから、亡女の逸失利益は、294万1,400円を基礎に算出すべきである。

(2)　被告の主張

　亡女は、77歳の高齢であったこと、原告は、平日の昼間は仕事に行っており亡女の家事負担は少なかったこと、原告は健康であり、自ら家事を担当していたと考えられることから、亡女の逸失利益は、平成25年賃金センサス女子学歴計70歳以上平均賃金283万5,200円の50％を基礎とすべきである。

第1節　専業主婦

## 2　解説

被害者は、**専業主婦（事故時77歳）**である。

判決は、被害者が長女と2人で暮らしており、家事のほぼ全般を担当していたことを認め、逸失利益（家事労働分）算定の基礎収入を、平成25年賃金センサス女子70歳以上の平均賃金である283万5,200円とした。

---

## 【3－1－11】老人ホームに入所していた夫の身の回りの世話をして単身で暮らしていた88歳専業主婦の逸失利益について、その基礎収入を、賃金センサス女子学歴計70歳以上平均賃金の80％とした事例

（東京地判平27・3・11交民48・2・376　有冨正剛裁判官）

### ＜判決の概要＞

| 被害者<br>（死亡） | 事　故　日 | 平成25年3月1日 | 死亡事故 |
|---|---|---|---|
| | 年　　　齢 | 事故時88歳 | |
| | 性別・職業 | 女性・専業主婦 | |
| 算　定　の　基　礎　収　入　額 | | | |
| 逸　失　利　益 | | 年額236万4,800円（平成24年賃金センサス女子学歴計70歳以上平均賃金295万6,000円の80％） | |

## 1　当事者の主張

### (1)　原告の主張

亡女は、通常の家事従事者と同等又はそれ以上の稼働能力を有していたから、亡女の逸失利益の基礎収入は、平成24年賃金センサス女子学歴計70歳以上平均賃金295万6,000円とすべきである。

### (2)　被告の主張

否認する。

**163**

第3章　家事従業者

## 2　解説

被害者は、**専業主婦（事故時88歳）**である。

判決は、被害者は、自宅の近所にある老人ホームに入居中の夫の日常の身の回りの世話をしながら、単身で生活していたことを認め、逸失利益算定の基礎収入を、平成24年賃金センサス女子70歳以上の年収額である295万6,000円の80％に当たる236万4,800円とした。

**【3－1－12】右半身に障害のあった49歳専業主夫の逸失利益について、その基礎収入を、賃金センサス女子学歴計全年齢平均賃金の80％とした事例**

（横浜地判平26・12・11交民47・6・1520　餘多分亜紀裁判官）

### ＜判決の概要＞

| 被害者（死亡） | 事　故　日 | 平成24年1月22日 | 死亡事故 |
|---|---|---|---|
| | 年　　　齢 | 事故時49歳 | |
| | 性別・職業 | 男性・専業主夫 | |
| 算　定　の　基　礎　収　入　額 | | | |
| 逸　失　利　益 | | 年額276万7,520円（平成22年賃金センサス女子学歴計全年齢平均賃金345万9,400円の80％） | |

## 1　当事者の主張

(1)　原告の主張

亡男は、近所で陶芸教室を開いてはいたが、所得は僅かであり、同居の両親の世話などの家事労働に主に従事していたから、亡男の逸失利益の基礎収入は、平成22年賃金センサス女子学歴計全年齢平均賃金345万9,400円とすべきである。

(2)　被告の主張

164

第1節　専業主婦

　亡男は、同居の亡男の母と共同で家事労働を行っていたと考えるのが自然であるから、亡男の逸失利益の基礎収入は、平成22年女子学歴計全年齢平均賃金の50％程度とすべきである。

## 2　解説

　被害者は、**専業主夫（事故時49歳）**である。

　判決は、被害者が同居の家族のために家事の主たる部分を担っていたことを認めつつ、被害者には既存の障害（右半身の障害）が存在したこと、及び同人の母親も一定程度家事を分担していたことが窺われることから、逸失利益算定の基礎収入を、平成22年女子全年齢平均賃金345万9,400円の80％に当たる276万7,520円とした。

---

【3－1－13】**妻が就労し、自宅の家事と、実家の母の介護をしていた33歳専業主夫について、休業損害算定の基礎収入は賃金センサス女子学歴計全年齢平均賃金とし、逸失利益算定の基礎収入を原告が症状固定時に近接する日にフルタイムで勤務した月給25万円とした事例**　　（横浜地判平26・2・28交民47・1・283　市村弘裁判官）

### ＜判決の概要＞

| 被害者 | 事　故　日 | 平成23年5月20日 |
|---|---|---|
| | 年　　　齢 | 事故時33歳 |
| | 性別・職業 | 男性・専業主夫 |
| 算　定　の　基　礎　収　入　額 | | |
| 休　業　損　害 | | 年額345万9,400円（平成22年賃金センサス女子学歴計全年齢平均賃金） |
| 逸　失　利　益 | | 月額25万円 |

**165**

第3章　家事従業者

## 1　当事者の主張

(1)　原告の主張

　事故当時、原告は、専業主夫として家事及び介護に従事していたのであるから、休業損害算定の基礎収入は、平成22年賃金センサス女子学歴計全年齢平均賃金345万9,400円とすべきである。

　また、原告は、妻と協議の上、家事及び介護のために休職して専業主夫になったが、原告の逸失利益算定に当たっては、休職前に働いていた職場の給与を基礎とすべきである。その金額は、退職前2年間分の賃金の平均である年額553万0,223円である。

(2)　被告の主張

　原告は、専業主夫として休業損害を主張しているのであるから、失業者であることを前提として逸失利益を算出することは認められない。

## 2　解説

　被害者は、**専業主夫（事故時33歳）**である。

　判決は、専業主夫が交通事故により家事労働を行うことに支障を来たした場合は、その損害を休業損害として請求できることを肯定した上で、平成22年女子平均賃金である345万9,400円を基礎収入とした。一方、逸失利益算定の基礎収入については、症状固定日に近接した時点の給与月額25万円（年額300万円）とした。

# 第2節　兼業主婦

【3－2－1】事故当時、夫及び義父母と同居し、家業の写真店で働いていた31歳兼業主婦について、休業損害及び逸失利益算定の基礎収入を、賃金センサス女子学歴計全年齢平均賃金とした事例

（京都地判平28・1・26交民49・1・78　比嘉一美裁判官）

### ＜判決の概要＞

| 被害者 | 事　故　日 | 平成14年3月22日 |
|---|---|---|
| | 年　　　齢 | 症状固定時37歳 |
| | 性別・職業 | 女性・兼業主婦・家業の写真店勤務 |
| 算　定　の　基　礎　収　入　額 | | |
| 休　業　損　害 | | 年額351万8,200円（平成14年賃金センサス女子学歴計全年齢平均賃金） |
| 逸　失　利　益 | | 年額349万9,900円（平成20年賃金センサス女子学歴計全年齢平均賃金） |

## 1　当事者の主張

(1)　反訴原告の主張

　事故当時、反訴原告は、夫及び義父母と同居し、家業の写真店で稼働していた。月収は28万円であったから、休業損害及び逸失利益の算定には、これを基礎にして算定すべきである。

(2)　反訴被告の主張

　本件事故と反訴原告の症状には因果関係が認められないから、否認ないしは争う。

**167**

第3章　家事従業者

## 2　解説

　被害者は、**兼業主婦（症状固定時37歳）**である。

　判決は、被害者が家業である写真店で稼働する有職主婦であることを認め、休業損害算定の基礎収入を、平成14年賃金センサス女子平均賃金である351万8,200円とした。また、逸失利益算定の基礎収入については、平成20年賃金センサス女子平均賃金である349万9,900円とした。

**【3−2−2】事故当時、介護職員として稼働しながら、夫と同居して家事も行っていた53歳兼業主婦について、各月ごとに賃金労働と家事労働の休業損害額を比較し、多額の方を当月の休業損害として認めた事例**（名古屋地判平28・2・19交民49・1・219　伊藤隆裕裁判官）

<＜判決の概要＞>

| 被害者 | 事故日 | 平成26年1月21日 |
|---|---|---|
| | 年齢 | 事故時53歳 |
| | 性別・職業 | 女性・兼業主婦・介護職員 |
| 算定の基礎収入額 | | |
| 休業損害 | | 実額1月10万9,734円（家事労働分）<br>実額2月27万9,324円（家事労働分）<br>実額3月20万5,000円（賃金労働分）<br>実額4月8万9,508円（賃金労働分）<br>実額5月9,365円（賃金労働分） |
| 逸失利益 | | 無し |

## 1　当事者の主張

(1)　反訴原告の主張

　反訴原告は、事故日から約91日間、介護職を休業した。賃金労働分の

168

損害額は、得べかりし給与額64万7,900円である。

　また、事故日から91日間は100％、その後18日間は50％の家事労働に対する支障があった。家事労働分の損害額は、賃金センサス女性全学歴全年齢平均賃金354万7,200円を基礎として算出した97万1,836円である。

　よって、反訴原告の休業損害は、賃金労働分と家事労働分の損害を合わせた161万9,736円である。

(2)　反訴被告の主張

　賃金労働分の限度で認め（9,356円×66日＝61万7,496円）、家事労働分の休業損害は、同一の損害を二重に計上するものであるから、否認する。

## 2　解説

　被害者は、**兼業主婦（事故時53歳）**である。

　判決は、いわゆる兼業主婦が、賃金労働と家事労働の双方に支障を生じた場合、合算して請求することは同一損害の二重評価に当たり許されないと判断した上、多額の一方をもって損害と認めるとした。

---

**【3－2－3】高齢により仕事を辞めた夫と2人暮らしをして、調理助手のパートをしていた65歳兼業主婦の逸失利益について、その基礎収入を、賃金センサス女子学歴計全年齢平均賃金の80％とした事例**

（大阪地判平27・11・27交民48・6・1428　武田瑞佳裁判官）

### ＜判決の概要＞

| 被害者<br>（死亡） | 事　故　日 | 平成25年8月7日 | 死亡事故 |
|---|---|---|---|
| | 年　　　齢 | 事故時65歳 | |
| | 性別・職業 | 女性・兼業主婦・調理助手 | |
| 算　定　の　基　礎　収　入　額 | | | |

第 3 章　家事従業者

| 逸　失　利　益 | 年額283万1,440円（平成25年賃金センサス女子学歴計全年齢平均賃金353万9,300円の80％） |
|---|---|

### 1　当事者の主張

(1)　原告の主張

　亡女には日額 1 万円の収入があったから、年額365万円を基礎として逸失利益を算出すべきである。

(2)　被告の主張

　亡女の基礎収入は、平成24年賃金センサス女子学歴計全年齢の平均賃金を基礎とし、年齢が高齢であるから、一定程度減額した金額とすべきである。

### 2　解説

　被害者は、**兼業主婦（事故時65歳）**である。

　判決は、被害者が、本件事故当時、夫と 2 人暮らしであり、パートタイマー及び病院内で調理助手の仕事をしていたことを認めた上で、逸失利益算定の基礎収入については、賃金センサス平成25年女子平均賃金353万9,300円の 8 割に当たる283万1,440円とした。


## 【3－2－4】内縁の夫と同居し、和菓子屋でアルバイト収入を得ていた61歳兼業主婦の逸失利益について、その基礎収入を、賃金センサス女子学歴計60～64歳平均賃金とした事例

（大阪地判平27・10・14交民48・ 5 ・1273　石原稚也裁判官ほか）

### ＜判決の概要＞

| 被害者<br>（死亡） | 事　故　日 | 平成25年10月 4 日 | 死亡事故 |
|---|---|---|---|
| | 年　　　齢 | 事故時61歳 | |

170

| 性別・職業 | 女性・兼業主婦・和菓子屋のアルバイト |
|---|---|
| 算 定 の 基 礎 収 入 額 | |
| 逸 失 利 益 | 年額298万8,600円（平成25年賃金センサス女子学歴計60～64歳平均賃金） |

## 1　当事者の主張

(1)　原告の主張

　亡女は、原告と同居し、和菓子屋でアルバイトをするとともに家事労働にも従事していたから、逸失利益を平成24年賃金センサス女子学歴計全年齢平均賃金である354万7,200円を基礎に算出すべきである。

(2)　被告の主張

　原告は、亡女と生計を異にし、亡女の家事労働によって財産上の利益を享受しうる立場になかったから、逸失利益は認められるべきではない。

## 2　解説

　被害者は、**兼業主婦（事故時61歳）**である。

　判決は、被害者が、和菓子屋でアルバイトをする兼業主婦であることを認め、同女が死亡したことにより、同居していた内縁の夫が扶養利益の喪失という損害を被ったことは明らかであるとして、平成25年賃金センサス女子60歳から64歳までの平均賃金298万8,600円を逸失利益算定の基礎収入とした。

【３－２－５】夫の歯科医院の手伝い等をしていた57歳兼業主婦の逸失利益について、その基礎収入を、賃金センサス女子学歴計全年齢平均賃金とした事例

（大阪地判平27・1・15交民48・1・45　武田瑞佳裁判官）

**171**

第3章　家事従業者

## ＜判決の概要＞

| 被害者<br>（死亡） | 事 故 日 | 平成23年4月27日　　　　　　　　死亡事故 |
| | 年 齢 | 事故時57歳 |
| | 性別・職業 | 女性・兼業主婦・家業（歯科医院）手伝い |
| 算 定 の 基 礎 収 入 額 | | |
| 逸 失 利 益 | | 年額335万9,000円（平成23年賃金センサス女子学歴計全年齢平均賃金） |

## 1　当事者の主張

(1)　原告の主張

　亡女は、夫と義母の3人で暮らしており、家事を担うほか、夫の経営する歯科医院の診療行為以外の業務を一手に担っていた。しかし、亡女の死亡により、歯科医院を維持することができなくなり、廃業せざるを得なくなった。

　また、亡女が行っていた賃貸不動産の修理等も、亡女の死亡によって行われなくなったため、不動産収入が減額することは必至である。

　よって、亡女の逸失利益の基礎収入は、平成23年賃金センサス女子学歴計全年齢平均賃金である355万9,000円に、歯科医院の過去9年間の営業所得等の2分の1である334万0,977円と、不動産収入金額の2割に相当する160万9,042円を合算した850万9,019円とすべきである。

(2)　被告の主張

　逸失利益の算定に際しては、家事労働相当額と現実の収入額（歯科医院における業務の対価及び不動産賃貸業務の対価の合計額）は合算すべきではなく、いずれか高い方を基礎とすべきであるところ、歯科医院における亡女の業務の対価は、多くとも、営業所得等の2割程度であり、また、不動産賃貸業務については内容が不明であるから、結局のところ、亡女の逸失利益算定の基礎収入は、平成23年賃金センサス女子学歴計全

172

第2節　兼業主婦

年齢平均賃金を超えるものではない。

## 2　解説

被害者は、**兼業主婦（事故時57歳）**である。

判決は、被害者が家事労働を担っていたほか、夫が経営する歯科医院を手伝っていたことを認め、平成23年賃金センサス女子平均賃金である335万9,000円を逸失利益算定の基礎収入とした。

**【3－2－6】　夫が経営する株式会社で働く兼業主婦の女性について、その休業損害及び逸失利益算定の基礎収入を、兼業主婦であるとしても、男女の全年齢平均賃金を採用するべきではないとして、賃金センサス女子学歴計全年齢平均賃金である348万9,000円とした事例**

（名古屋地判平27・1・14交民48・1・35　藤野美子裁判官）

### ＜判決の概要＞

| 被 害 者 | 事　故　日 | 平成20年10月22日 |
|---|---|---|
| | 年　　　齢 | 事故時55歳 |
| | 性別・職業 | 女性・兼業主婦・家業手伝い |
| 算 定 の 基 礎 収 入 額 | | |
| 休　業　損　害 | | 年額348万9,000円（平成21年賃金センサス女子学歴計全年齢平均賃金） |
| 逸　失　利　益 | | 同上 |

## 1　当事者の主張

(1)　原告の主張

原告は、兼業主婦であるから、休業損害算定の基礎収入は、平成20年賃金センサス男女計学歴計全年齢平均賃金486万0,600円とすべきである。

173

第 3 章　家事従業者

　また、原告の逸失利益算定の基礎収入については、夫の会社経営に対する原告の貢献度や地位の重要性等を考慮し、通常の兼業主婦の基準ではなく、休業損害の基礎収入と同額の、男女の全年齢平均賃金486万0,600円を採用するべきである。

(2)　被告の主張

　兼業主婦であるとしても、平成21年賃金センサス女子学歴計全年齢平均賃金348万9,000円とするべきである。

## 2　解説

　被害者は、**兼業主婦（事故時55歳）**である。

　判決は、被害者が兼業主婦であったことから、逸失利益算定の基礎収入を、平成21年賃金センサス女子全年齢平均賃金である348万9,000円とした。


## 【3－2－7】クリーニング店の配達の仕事をしていた47歳兼業主婦について、基礎収入を、賃金センサス女子学歴計全年齢平均賃金とした事例　（大阪地判平27・1・29交民48・1・198　長島銀哉裁判官）

### ＜判決の概要＞

| 被害者 | 事　故　日 | 平成24年8月22日 |
|---|---|---|
| | 年　　　齢 | 事故時47歳 |
| | 性別・職業 | 女性・兼業主婦・クリーニング店の配達 |
| 算　定　の　基　礎　収　入　額 | | |
| 休　業　損　害 | | 年額354万7,200円（平成24年賃金センサス女子学歴計全年齢平均賃金） |
| 逸　失　利　益 | | 同上 |

第2節　兼業主婦

## 1　当事者の主張

(1)　原告の主張

　原告は、兼業主婦であり、休業損害及び逸失利益算定の基礎収入は、平成23年度年齢別平均賃金を使用すべきである。

(2)　被告の主張

　兼業主婦たる家事従事者の基礎収入は、女子全年齢平均賃金によるべきであり、賃金センサスは、休業損害については平成24年度のものを、逸失利益については平成25年度のものを利用すべきである。

## 2　解説

　被害者は、**兼業主婦（事故時47歳）**である。

　判決は、被害者が家事従事者であるとした上で、家事労働については基本的に年齢によって労働の質に大きな差異が生じるものではないから、高齢者の場合を除き、女子全年齢平均賃金を基礎収入（平成24年度の平均賃金354万7,200円）とするのが相当であるとした。

**175**

# 第4章　学生等

第1節　年少者

# 第1節　年少者

【4－1－1】　事故時11歳の女児の逸失利益について、その基礎収入を、
賃金センサス男女計学歴計全年齢平均賃金とした事例

（大阪地判平28・7・29交民49・4・971　毛利友哉裁判官）

＜判決の概要＞

| 被害者<br>（死亡） | 事　故　日 | 平成25年8月7日　　　　　　　　　死亡事故 |
|---|---|---|
| | 年　　　齢 | 事故時11歳 |
| | 性別・職業 | 女性・小学生 |
| 算　定　の　基　礎　収　入　額 | | |
| 逸　失　利　益 | | 年額468万9,300円（平成25年賃金センサス男女計学<br>歴計全年齢平均賃金） |

## 1　当事者の主張

(1)　原告の主張

　亡女児の逸失利益は、基礎収入を平成25年賃金センサス男女計学歴計
全年齢平均賃金である468万9,300円とし、生活費控除率を30％として算
定すべきである。

(2)　被告の主張

　亡被害者は女児であるから、基礎収入は平成25年賃金センサス女子学
歴計全年齢平均賃金である353万9,300円とし、生活費控除率は40％とす
べきである。原告が主張する基礎収入を採用するのであれば、生活費控
除率は45％とすべきである。

## 2　解説

　被害者は、**女児（事故時11歳）**である。

**179**

第4章　学生等

　判決は、被害者は、死亡時11歳であったが、逸失利益算定の基礎収入
として、平成25年度賃金センサス男女計平均賃金である468万9,300円と
した。

【4－1－2】事故時3歳（症状固定時3歳）の女児の逸失利益につい
　　て、その基礎収入を、賃金センサス男女計学歴計全年齢平均賃金と
　　した事例

（横浜地裁川崎支部平28・5・31交民49・3・682　橋本英史裁判官）

<判決の概要>

| 被害者 | 事　故　日 | 平成23年3月3日 |
| | 年　　　齢 | 事故時3歳（症状固定時3歳） |
| | 性別・職業 | 女性 |
| 算　定　の　基　礎　収　入　額 | | |
| 逸　失　利　益 | | 年額470万5,700円（平成21年賃金センサス男女計学歴計全年齢平均賃金） |

## 1　当事者の主張

(1)　原告の主張

　女子年少者の逸失利益は、男女を含む全労働者の学歴計全年齢平均賃
金を基礎収入額とすべきである。原告の基礎収入額は、赤い本平成23年
版に掲記された平成21年賃金センサス男女計歴計全年齢平均賃金である
470万5,700円となる。

(2)　被告の主張

　原告には逸失利益は認められない。仮に逸失利益を算定するにして
も、基礎収入額については、平成23年賃金センサス女子学歴計全年齢平
均賃金である355万9,000円を採用すべきである。

180

第 1 節　年少者

## 2　解説

　被害者は、**女児（症状固定時 3 歳）**である。

　判決は、女子年少者の逸失利益を算定する際には、男女を含む全労働者の全年齢平均で算定するのが一般的であるとし、平成26年の賃金センサス全労働者の平均賃金は、原告（被害者）主張の470万5,700円を下回らないから、これを採用するとした。

## 【4－1－3】事故時 7 歳（症状固定時 7 歳）の女児の逸失利益について、その基礎収入を、賃金センサス男女計学歴計全年齢平均賃金とした事例

（東京地判平28・2・25交民49・1・255　森冨義明裁判官ほか）

### ＜判決の概要＞

| 被害者 | 事　故　日 | 平成23年10月28日 |
|---|---|---|
| | 年　　　齢 | 事故時 7 歳（症状固定時 7 歳） |
| | 性別・職業 | 女性 |
| 算　定　の　基　礎　収　入　額 | | |
| 逸　失　利　益 | | 年額470万9,300円（平成23年賃金センサス男女計学歴計全年齢平均賃金） |

## 1　当事者の主張

(1)　原告の主張

　原告の逸失利益は、平成23年賃金センサス男女計学歴計全年齢平均賃金である470万9,300円を基礎収入として算定すべきである。

(2)　被告の主張

　原告の逸失利益は、平成24年賃金センサス女子学歴計全年齢平均賃金である354万7,200円を基礎収入として算定すべきである。

**181**

第 4 章　学生等

## 2　解説

　被害者は、**女児（症状固定時 7 歳）**である。

　判決は、逸失利益算定の基礎収入について、平成24年度賃金センサス男女計の平均賃金が472万6,500円であることに照らし、原告（被害者）らの主張する470万9,300円とした。

## 【4－1－4】事故時 2 歳の男児の逸失利益について、その基礎収入を、賃金センサス男子学歴計全年齢平均賃金とした事例

（名古屋地判平26・5・16交民47・3・629　戸田彰子裁判官）

### ＜判決の概要＞

| 被害者<br>（死亡） | 事　故　日 | 平成23年 1 月31日 | 死亡事故 |
| --- | --- | --- | --- |
| | 年　　　齢 | 事故時 2 歳 | |
| | 性別・職業 | 男性 | |
| 算 定 の 基 礎 収 入 額 | | | |
| 逸　失　利　益 | | 年額526万7,600円（平成23年賃金センサス男子学歴計全年齢平均賃金） | |

## 1　当事者の主張

(1)　原告の主張

　亡男児は、死亡時満 2 歳であったから、その逸失利益は、基礎収入を平成23年賃金センサス男子学歴計全年齢平均賃金である526万7,600円として算定すべきである。

(2)　被告の主張

　否認ないし争う。

## 2　解説

　被害者は、**男児（事故時 2 歳）**である。

182

第1節　年少者

　判決は、逸失利益算定の基礎収入について、被害者が本件事故当時2歳の男児であったことから、賃金センサス平成23年男子平均賃金526万7,600円とした。

## 【4－1－5】事故時3歳の男児の逸失利益について、その基礎収入を、賃金センサス男子学歴計全年齢平均賃金とした事例

（大阪地判平26・6・18交民47・3・734　矢澤雅規裁判官）

### ＜判決の概要＞

| 被害者（死亡） | 事　故　日 | 平成23年4月5日　　　　　　　　　死亡事故 |
|---|---|---|
| | 年　　　齢 | 事故時3歳 |
| | 性別・職業 | 男性 |
| 算　定　の　基　礎　収　入　額 | | |
| 逸　失　利　益 | | 年額526万7,600円（平成23年賃金センサス男子学歴計全年齢平均賃金） |

## 1　当事者の主張

(1)　原告の主張

　亡男児の逸失利益は、基礎収入を平成21年賃金センサス男子大卒全年齢平均賃金である654万4,800円として算定すべきである。

(2)　被告の主張

　亡男児の逸失利益は、基礎収入を平成22年賃金センサス男子学歴計全年齢平均賃金である523万0,200円として算定すべきである。

## 2　解説

　被害者は、**男児（事故時3歳）**である。

　判決は、逸失利益算定の基礎収入について、被害者が将来大学を卒業した上で就労する蓋然性は、本件事故当時は明らかでないとして、平成

**183**

第4章　学生等

23年賃金センサス男子平均賃金の526万7,600円とした。

第2節　中学生・高校生

# 第2節　中学生・高校生

【4－2－1】事故時、ともに工業高校に在籍していた16歳の男子高校
　　　生Ａ及び15歳の男子高校生Ｂの逸失利益について、その基礎収入
　　　を、それぞれ賃金センサス男子学歴計全年齢平均賃金とした事例

（東京地判平28・7・19交民49・4・900　村主隆行裁判官ほか）

## ＜判決の概要＞

| 被害者<br>（死亡） | 事　故　日 | 平成25年11月23日　　　　　　　　　　　　死亡事故 |
|---|---|---|
| | 年　　　齢 | 事故時16歳Ａ及び15歳Ｂ |
| | 性別・職業 | 男性・高校生（工業高校） |
| 算　定　の　基　礎　収　入　額 | | |
| 逸　失　利　益 | | 年額524万1,000円（平成25年賃金センサス男子学歴<br>計全年齢平均賃金） |

## 1　当事者の主張

(1)　原告の主張

　亡Ａ及び亡Ｂの逸失利益は、基礎収入を平成25年賃金センサス男子学
歴計全年齢平均賃金である524万1,000円として算定すべきである。

(2)　被告の主張

　亡Ａは、工業高校機械科の学生であったから、高校卒業後は進学しな
かった可能性が高く、基礎収入は、平成25年賃金センサス男子高卒全年
齢平均賃金とすべきである。

　また、亡Ｂも、高校卒業後に親の経営する会社に就職する可能性が
あったから、基礎収入は、平成25年賃金センサス男子高卒全年齢平均賃
金とすべきである。

**185**

第4章　学生等

## 2　解説

被害者は、いずれも**高校生（男子）**である。

判決は、被害者の逸失利益算定の基礎収入について、男子学歴計全年齢平均賃金を得られないと認めるに足りる特段の事情がない限り、当該金額（平成25年男子学歴計平均賃金524万1,000円）とすべきであるとした。

## 【4－2－2】事故時17歳の女子高校生（通信制普通科在籍）の逸失利益について、その基礎収入を、賃金センサス男女計学歴計全年齢平均賃金とした事例

（神戸地判平28・5・26交民49・3・659　本多久美子裁判官）

### ＜判決の概要＞

| 被害者<br>（死亡） | 事　故　日 | 平成25年7月7日　　　　　　　　　　　　死亡事故 |
|---|---|---|
| | 年　　　齢 | 事故時17歳 |
| | 性別・職業 | 女性・高校生（通信制普通科） |
| 算　定　の　基　礎　収　入　額 | | |
| 逸　失　利　益 | | 年額468万9,300円（平成25年賃金センサス男女計学歴計全年齢平均賃金） |

## 1　当事者の主張

(1)　原告の主張

近時、女性が就く職種・職務内容は男性と遜色がなくなっており、男女の賃金格差も縮小傾向にあるから、少なくとも高校卒業に至るまでに死亡した女性については、基礎収入として、賃金センサス男女計学歴計全年齢平均賃金を用いるべきである。よって、亡女子の逸失利益算定のための基礎収入は、468万9,300円を採用するべきであり、また亡女子は、独身で両親と同居していた事情からすれば、生活費控除率は30％と

186

第2節　中学生・高校生

するのが相当である。

(2)　被告の主張

　基礎収入は、賃金センサス女子学歴計全年齢平均賃金である353万9,300円とすべきである。仮に原告が主張する基礎収入を採用するのであれば、生活費控除率は45％とすべきである。

## 2　解説

　被害者は、**高校生（女子・通信制普通科）**である。

　判決は、被害者が本件事故当時、高校の通信制普通科に在籍し、単位の取得状況も順調であったこと、同女の父親との間で大学進学が話題に上ることはあったが、具体的な受験勉強は始めていなかったこと等の事情にかんがみ、逸失利益算定の基礎収入は、平成25年賃金センサス男女計平均賃金である468万9,300円とするのが相当であるとした。

---

## 【4－2－3】会社勤務の経験のある事故時18歳（症状固定時20歳）の男子高校生について、休業損害算定の基礎収入は賃金センサス男子高卒19歳以下平均賃金とし、また、逸失利益算定の基礎収入を賃金センサス男子高卒全年齢平均賃金とした事例

（京都地判平28・1・21交民49・1・43　永野公規裁判官）

### ＜判決の概要＞

| 被害者 | 事　故　日 | 平成20年3月26日 |
|---|---|---|
| | 年　　　齢 | 事故時18歳（症状固定時20歳） |
| | 性別・職業 | 男性・高校生 |
| 算　定　の　基　礎　収　入　額 | | |
| 休　業　損　害 | | 年額256万0,000円（平成20年賃金センサス男子高卒19歳以下平均賃金） |

**187**

第4章　学生等

| 逸　失　利　益 | 年額461万9,000円（平成22年賃金センサス男子高卒全年齢平均賃金） |
|---|---|

## 1　当事者の主張

(1)　原告の主張

　休業損害は、平成20年男子高卒19歳以下平均賃金である256万0,000円を基礎収入として算定すべきである。

　逸失利益は、平成22年賃金センサス男子学歴計全年齢平均賃金である523万0,200円を基礎収入として算定すべきである。

(2)　被告の主張

　主張なし。

## 2　解説

　被害者は、**高校生（男子・職歴あり）**である。

　判決は、逸失利益算定の基礎収入について、被害者は、Ａ高校を平成20年3月31日付けで卒業し、同年4月1日付けで同人の父親が経営する建設業で勤務する予定であったと認めた上で、平成22年賃金センサス男子高卒平均賃金461万9,000円とした。


**【4−2−4】**事故時17歳で進路未定の女子高校生の逸失利益について、その基礎収入を、賃金センサス男女計学歴計全年齢平均賃金とした

**事例**　　（大阪地判平27・10・30交民48・5・1335　武田瑞佳裁判官）

<判決の概要>

| 被害者<br>（死亡） | 事　故　日 | 平成23年10月20日 | 死亡事故 |
|---|---|---|---|
| | 年　　　齢 | 事故時17歳 | |
| | 性別・職業 | 女性・高校生 | |

第2節　中学生・高校生

| 算 定 の 基 礎 収 入 額 | |
|---|---|
| 逸　失　利　益 | 年額470万9,300円（平成23年賃金センサス男女計学歴計全年齢平均賃金） |

## 1　当事者の主張

(1)　原告の主張

　逸失利益は、基礎収入を、平成23年賃金センサス男女計学歴計全年齢平均賃金である470万9,300円として算定すべきである。

(2)　被告の主張

　逸失利益は、基礎収入を、平成23年女子高卒全年齢平均賃金である295万7,700円として算定すべきである。

## 2　解説

　被害者は、**高校生（女子）**である。

　判決は、逸失利益算定の基礎収入について、被害者は、本件事故当時、進路未定であったことに照らし、平成23年賃金センサス男女計平均賃金である470万9,300円とした。

【4－2－5】大学進学率の極めて高いクラスに在籍していた事故時16歳の男子高校生の逸失利益について、その基礎収入を、賃金センサス男子大卒全年齢平均賃金とした事例

（大阪地判平26・11・5交民47・6・1373　石原稚也裁判官ほか）

### ＜判決の概要＞

| 被害者（死亡） | 事　故　日 | 平成21年8月8日　　　　　　　　　死亡事故 |
|---|---|---|
| | 年　　　齢 | 事故時16歳 |
| | 性別・職業 | 男性・高校生 |

**189**

第4章　学生等

| 算　定　の　基　礎　収　入　額 | |
| --- | --- |
| 逸　失　利　益 | 年額654万4,800円（平成21年賃金センサス男子大卒全年齢平均賃金） |

## 1　当事者の主張

(1)　原告の主張

　本件事故当時、亡男子は、大学進学を希望していたことから、逸失利益は、基礎収入を平成21年賃金センサス男子大卒全年齢平均賃金である654万4,800円として算定すべきである。

(2)　被告の主張

　不知または争う。

## 2　解説

　被害者は、**高校生（男子）**である。

　判決は、被害者は、本件事故当時にＡ高校の２年（Ⅲ類Ａクラス）に在学していたが、同クラスに属していた生徒の大学進学率は極めて高いことが認められることから、逸失利益算定の基礎収入を、平成21年賃金センサス男子大卒の654万4,800円とした。

## 【4－2－6】大学への進学が決定していた事故時17歳の女子高校生の逸失利益について、その基礎収入を、賃金センサス女子大卒計全年齢平均賃金とした事例

（名古屋地判平25・7・18交民46・4・960　光野哲治裁判官）

第2節　中学生・高校生

## ＜判決の概要＞

| 被害者<br>（死亡） | 事故日 | 平成23年2月15日　　　　　　　死亡事故 |
| | 年齢 | 事故時17歳 |
| | 性別・職業 | 女性・高校生 |
| 算定の基礎収入額 | | |
| 逸失利益 | | 年額448万2,400円（平成23年賃金センサス女子大卒全年齢平均賃金） |

## 1　当事者の主張

(1)　原告の主張

　本件事故当時、亡女子は若年であり、大学に入学することが決まっていたこと、女性の就労条件が向上していること、今後も男女間の収入格差が縮まると考えられることから、その逸失利益は、全労働者の平均賃金である470万5,700円を基礎収入として算定すべきである。

(2)　被告の主張

　亡女子が、原告らの主張する収入を得られる高度の蓋然性を認めるに足りる証拠はないから、事故前年である平成22年賃金センサス女子学歴計全年齢平均賃金345万9,400円を基礎収入とすべきである。

## 2　解説

　被害者は、**高校生（女子・大学進学決定）**である。

　判決は、被害者について、大学への進学が決定していたものの、大学卒業後の稼働については具体的な計画等が定まっていなかったことを勘案し、逸失利益算定の基礎収入については、平成23年賃金センサス女子大卒の448万2,400円とした。

第 4 章　学生等

【4－2－7】 事故時17歳（症状固定時19歳）で進路未定の男子高校生
　　の休業損害を認めず、逸失利益算定の基礎収入を賃金センサス男子
　　高卒全年齢平均賃金とした事例

（大阪地判平24・8・29交民45・4・1009　稲葉重子裁判官ほか）

### ＜判決の概要＞

| 被害者 | 事　故　日 | 平成19年1月3日 |
| --- | --- | --- |
| | 年　　　齢 | 事故時17歳（症状固定時19歳） |
| | 性別・職業 | 男性・高校生 |
| 算　定　の　基　礎　収　入　額 | | |
| 休　　業　　損　　害 | | 認めず。 |
| 逸　　失　　利　　益 | | 年額461万3,800円（平成21年賃金センサス男子高卒全年齢平均賃金） |

## 1　当事者の主張

(1)　原告の主張

　休業損害は、平成20年賃金センサス男子学歴計19歳以下平均賃金である254万3,800円を基礎収入として算定すべきである。

　逸失利益は、原告が本件事故当時、進路未定の高校2年生であったことから、平成20年賃金センサス男子学歴計全年齢平均賃金である550万3,900円を基礎収入として算定すべきである。

(2)　被告の主張

　不知ないし否認。

## 2　解説

　被害者は、**高校生（男子）**である。

　判決は、被害者は、本件事故当時A高校の2年生であったが、2年生2学期の成績は、全13教科の平均点が100点満点中30.1点であり、また、

192

第2節　中学生・高校生

学校をときどき休むこともあって成績はよくなかったと認定した上で、逸失利益算定の基礎収入を、平成21年男子高卒平均賃金である461万3,800円とした。

【4－2－8】事故時17歳（症状固定時19歳）の男子高校生の逸失利益について、その基礎収入を、賃金センサス男子学歴計全年齢平均賃金とした事例

（横浜地判平24・3・29交民45・2・447　竹内浩史裁判官）

＜判決の概要＞

| 被害者 | 事　故　日 | 平成20年12月14日 |
|---|---|---|
| | 年　　　齢 | 事故時17歳（症状固定時19歳） |
| | 性別・職業 | 男性・高校生 |
| 算　定　の　基　礎　収　入　額 | | |
| 逸　失　利　益 | | 年額523万0,200円（平成22年賃金センサス男子学歴計全年齢平均賃金） |

## 1　当事者の主張

(1)　原告の主張

　逸失利益は、平成18年賃金センサス男子学歴計全年齢平均賃金である555万4,600円を基礎収入として算定すべきである。

(2)　被告の主張

　労働能力の喪失を争う。

## 2　解説

　被害者は、**高校生（男子）**である。

　判決は、被害者の逸失利益算定の基礎収入として、平成22年賃金センサス男子学歴計全年齢平均賃金である523万0,200円とした。

193

第 4 章　学生等

【4－2－9】 事故時16歳（症状固定時17歳）の男子高校生の逸失利益
　　について、その基礎収入を、賃金センサス男子学歴計全年齢平均賃
　　金とした事例

（大阪地判平23・7・20交民44・4・945　稲葉重子裁判官ほか）

＜判決の概要＞

| 被 害 者 | 事　故　日 | 平成17年7月1日 |
| | 年　　　齢 | 事故時16歳（症状固定時17歳） |
| | 性別・職業 | 男性・高校生 |
| 算 定 の 基 礎 収 入 額 | | |
| 逸　失　利　益 | | 年額552万3,000円（平成17年賃金センサス男子学歴計全年齢平均賃金） |

## 1　当事者の主張

(1)　原告の主張

　逸失利益は、平成17年賃金センサス男子学歴計全年齢平均賃金である
552万3,000円を基礎収入として算出すべきである。

(2)　被告の主張

　原告は高校を中退しているので、基礎収入は、これに見合った賃金セ
ンサスを用いるべきである。

## 2　解説

　被害者は、**高校生（男子）** である。

　判決は、逸失利益算定の基礎収入として、平成17年賃金センサス男子
学歴計全年齢平均賃金の552万3,000円とした。

第 2 節　中学生・高校生

【4－2－10】進学校に在籍していた事故時17歳の女子高校生の逸失利
　　益について、その基礎収入を、賃金センサス男女計大卒全年齢平均
　　賃金とした事例

（京都地判平23・3・11交民44・2・357　栁本つとむ裁判官）

<判決の概要>

| 被害者<br>（死亡） | 事　故　日 | 平成21年3月7日 | 死亡事故 |
| | 年　　　齢 | 事故時17歳 | |
| | 性別・職業 | 女性・高校生 | |
| 算　定　の　基　礎　収　入　額 | | | |
| 逸　失　利　益 | | 年額609万7,100円（平成21年賃金センサス男女計大卒全年齢平均賃金） | |

## 1　当事者の主張

(1)　原告の主張

　亡女子は、中高一貫教育システム試行対象校の中学に入学し、その高校に進学してからは生徒会長を務め、また、成績優秀であり、大学進学予定であったことから、逸失利益は、基礎収入を、平成19年賃金センサス男子大卒全年齢平均賃金である680万7,600円として算定すべきである。

(2)　被告の主張

　逸失利益は、基礎収入を、平成21年女子学歴計全年齢平均賃金である348万9,000円として算定すべきである。

## 2　解説

　被害者は、**高校生（女子・中高一貫の進学校在籍）**である。

　判決は、被害者が在籍していたのは、中高一貫の進学校であり、また、同女の学業成績も優秀であり、さらに、本件事故以前に大学進学の

**195**

第4章　学生等

希望を表明していたことなどの事実を認め、逸失利益算定の基礎収入を、平成21年賃金センサス大卒男女全年齢平均賃金である609万7,100円とした。

第3節　大学生

# 第3節　大学生

【4－3－1】事故時18歳（症状固定時20歳）の男子大学生について、休業損害額は事故前年のアルバイトの年間収入の半額とし、逸失利益算定の基礎収入を、在学期間中はアルバイト収入とし、その後は賃金センサス男子大卒全年齢平均賃金とした事例

（名古屋地判平28・3・18交民49・2・443　伊藤隆裕裁判官）

<判決の概要>

| 被害者 | 事　故　日 | 平成26年1月7日 |
|---|---|---|
| | 年　　　齢 | 事故時18歳（症状固定時20歳） |
| | 性別・職業 | 男性・大学生 |
| 算　定　の　基　礎　収　入　額 | | |
| 休　業　損　害 | | 休業損害額を、事故前年のアルバイトの年間収入45万1,080円の半年分である実額22万5,540円とした。 |
| 逸　失　利　益 | | 症状固定日から2年間：年額45万1,080円（事故前年のアルバイトの年間収入）<br>その後45年間：年額648万7,100円（平成26年賃金センサス男子大卒全年齢平均賃金） |

## 1　当事者の主張

(1)　原告の主張

　休業損害は、原告の事故前年のアルバイトの年間収入である45万1,080円を基礎収入として算定すべきである。

　逸失利益は、大学卒業までの2年間は上記45万1,080円を、その後の45年間は640万5,900円を基礎収入として算定すべきである。

第4章　学生等

(2)　被告の主張

　休業損害、逸失利益とも、基礎収入については争わない。

## 2　解説

　被害者は、**学生（男子・建築学科）**である。

　判決は、被害者の逸失利益算定の基礎収入について、在学期間については アルバイト収入である年額45万1,080円とし、また、卒業後の期間については平成26年賃金センサス男子大卒全年齢平均賃金648万7,100円とした。

【4－3－2】薬学部に在籍していた事故時21歳の女子大学生の逸失利益について、その基礎収入を、賃金センサス女子薬剤師全年齢平均賃金で算定した事例

（神戸地判平27・11・11交民48・6・1362　本多久美子裁判官ほか）

<判決の概要>

| 被害者<br>（死亡） | 事　故　日 | 平成24年9月24日 | 死亡事故 |
| | 年　　　齢 | 事故時21歳 | |
| | 性別・職業 | 女性・大学生 | |
| 算　定　の　基　礎　収　入　額 | | | |
| 逸　失　利　益 | | 年額508万9,400円（平成24年賃金センサス女子薬剤師全年齢平均賃金） | |

## 1　当事者の主張

(1)　原告の主張

　亡女は、本件事故当時、大学薬学部の1年生であり、大学卒業後は薬剤師として稼働する予定であったから、逸失利益は、基礎収入を、平成24年賃金センサス女子薬剤師全年齢平均賃金である508万9,400円として

算定すべきである。

(2)　被告の主張

　亡女は、必ずしも薬剤師国家試験に合格できるわけではなく、薬剤師になる蓋然性が高いとは言えないから、逸失利益算定のための基礎収入は、平成24年賃金センサス女子大卒全年齢平均賃金である443万4,600円を上回ることはない。

## 2　解説

　被害者は、**学生（女子・薬学部薬学科）**である。

　判決は、被害者は、本件事故当時Ａ大学薬学部薬学科１年生であり、高校生の頃から薬剤師として稼働することを希望していたところ、Ａ大学の薬剤師国家試験の合格率は63.24％であり、全国平均合格率を上回っていたことなどの理由から、同人は、本件事故がなければ薬剤師国家試験に合格し、大学卒業後に薬剤師として稼働する蓋然性が高かったと認めた。同人の逸失利益算定の基礎収入は、女子・薬剤師平均賃金である508万9,400円とした。

## 【4－3－3】事故時19歳の男子大学生の逸失利益について、その基礎収入を、賃金センサス男子大卒全年齢平均賃金とした事例

（大阪地判平27・8・28交民48・4・1028　武田瑞佳裁判官）

### ＜判決の概要＞

| 被害者<br>（死亡） | 事　故　日 | 平成24年4月23日 | 死亡事故 |
|---|---|---|---|
| | 年　　　齢 | 事故時19歳 | |
| | 性別・職業 | 男性・大学生 | |
| 算　定　の　基　礎　収　入　額 | | | |

第 4 章　学生等

| 逸　失　利　益 | 年額648万1,600円（平成24年賃金センサス男子大卒全年齢平均賃金） |
|---|---|

## 1　当事者の主張

(1)　原告の主張

　亡男は、本件事故当時大学生であったから、逸失利益は、基礎収入を平成24年賃金センサス男子大卒全年齢平均賃金である648万1,600円として算定すべきである。

(2)　被告の主張

　争う。

## 2　解説

　被害者は、**学生（男子・建築学科）**である。

　判決は、被害者は、本件事故当時、19歳の建築士を目指す大学生であったことが認められるとした上で、平成24年賃金センサス男子大卒全年齢平均賃金である648万1,600円を逸失利益算定の基礎収入とした。

## 【4－3－4】医学部に在籍する事故時21歳の男子大学生の逸失利益について、その基礎収入を、賃金センサス男子医師全年齢平均賃金に相当する金額とした事例

（東京地判平26・12・18交民47・6・1548　白石史子裁判官ほか）

### ＜判決の概要＞

| 被害者<br>（死亡） | 事　故　日 | 平成25年4月24日 | 死亡事故 |
|---|---|---|---|
| | 年　　　齢 | 事故時21歳 | |
| | 性別・職業 | 男性・大学生 | |
| 算　定　の　基　礎　収　入　額 | | | |

200

第3節　大学生

| 逸　失　利　益 | 年額1,213万0,900円（平成24年賃金センサス男子医師全年齢平均賃金） |

## 1　当事者の主張

### (1)　原告の主張

　亡男は、本件事故当時、医学部の学生であり、事故がなければ25歳で大学を卒業して医師となる予定であったところ、亡男の医師として得る収入は年額2,000万円を下らないから、逸失利益は、同金額を基礎収入として算定すべきである。

### (2)　被告の主張

　基礎収入は、賃金センサス男子医師全年齢平均賃金とするのが相当である。

## 2　解説

　被害者は、**学生（男子・医学部医学科）**である。

　判決は、被害者がＡ大学医学部医学科に在籍し、医師を目指して勉学に励んでいたこと、順調に進級した場合、25歳で卒業することなどの事実を認めた上で、逸失利益算定の基礎収入を、平成24年賃金センサス男子医師の1,213万0,900円とした。

**【4－3－5】事故当時就職活動中だった症状固定時24歳の男子大学生について、休業損害算定の基礎収入については、大学在学中の分はアルバイト収入の平均日額とし、大学卒業後の分は賃金センサス男子学歴計20～24歳平均賃金の80％とし、逸失利益算定の基礎収入を賃金センサス男子学歴計全年齢平均賃金とした事例**

（東京地判平24・9・28交民45・5・1216　三木素子裁判官）

第4章　学生等

<判決の概要>

| | | |
|---|---|---|
| 被害者 | 事　故　日 | 平成19年5月24日 |
| | 年　　　齢 | 事故時22歳 |
| | 性別・職業 | 男性・大学生 |
| 算　定　の　基　礎　収　入　額 | | |
| 休　業　損　害 | | 大学在学中：日額8,630円（事故当時のアルバイト収入の平均日額）<br>大学卒業後：年額254万7,360円（平成20年賃金センサス男子学歴計20～24歳平均賃金318万4,200円の80％） |
| 逸　失　利　益 | | 年額550万3,900円（平成20年賃金センサス男子学歴計全年齢平均賃金） |

## 1　当事者の主張

(1)　原告の主張

　休業損害は、大学在学中についてはアルバイト収入の平均日額である8,630円を、大学卒業後は平成20年賃金センサス男子大卒24歳平均賃金である331万1,100円を、それぞれ基礎収入として算定すべきである。

　逸失利益は、平成21年賃金センサス男子大卒全年齢平均賃金654万4,800円を基礎収入として算定すべきである。

(2)　被告の主張

　休業損害は発生していない。

　逸失利益の基礎収入については主張なし。

## 2　解説

　被害者は、**学生（男子）**である。

　判決は、事故時22歳、症状固定時24歳であった被害者について、平成20年賃金センサス男子全年齢平均賃金である550万3,900円をもって逸失利益算定の基礎収入とした。

202

第 3 節　大学生

**【4－3－6】事故により大学卒業時に就職できなかったため大学院に進学した、事故時21歳（症状固定時27歳）の男子大学生について、休業損害算定の基礎収入は賃金センサス男子大卒20～24歳平均賃金の7割とし、逸失利益算定の基礎収入を賃金センサス男子大卒全年齢平均賃金とした事例**

（名古屋地判平23・11・18交民44・6・1441　徳永幸藏裁判官）

<判決の概要>

| 被害者 | 事　故　日 | 平成15年2月21日 |
|---|---|---|
| | 年　　　齢 | 事故時21歳（症状固定時27歳） |
| | 性別・職業 | 男性・大学生 |
| 算　定　の　基　礎　収　入　額 | | |
| 休　　業　　損　　害 | | 年額222万2,920円（平成16年賃金センサス男子大卒20～24歳平均賃金317万5,600円の7割） |
| 逸　　失　　利　　益 | | 年額654万4,800円（平成21年賃金センサス男子大卒全年齢平均賃金） |

## 1　当事者の主張

⑴　原告の主張

　休業損害は、平成16年賃金センサス男子大卒20～24歳平均賃金である317万5,600円を基礎収入として算定すべきである。

　逸失利益は、平成20年賃金センサス男子大卒全年齢平均賃金である668万6,800円を基礎収入として算定すべきである。

⑵　被告の主張

　休業損害、逸失利益とも争う。

## 2　解説

　被害者は、**学生（男子・理工学部）**である。

**203**

第4章　学生等

　判決は、被害者が本件事故によって大学4年卒業時に就職できず、や
むなく大学院に進学した後に、地方公務員として採用されたことを認め
た上で、症状固定時の27〜67歳までの40年間について、平成21年賃金セ
ンサス男子大卒全年齢平均賃金654万4,800円を逸失利益算定の基礎収入
とした。

## 【4－3－7】症状固定時21歳の男子大学生について、休業損害算定の基礎収入は事故前年のアルバイトの年間収入とし、逸失利益算定の基礎収入を賃金センサス男子大卒全年齢平均賃金とした事例

（横浜地判平23・11・29交民44・6・1471　本間陽子裁判官）

### ＜判決の概要＞

| 被害者 | 事　故　日 | 平成20年5月13日 |
|---|---|---|
| | 年　　　齢 | 症状固定時21歳 |
| | 性別・職業 | 男性・大学生 |
| 算　定　の　基　礎　収　入　額 | | |
| 休　　業　　損　　害 | | 年額75万7,609円（事故前年のアルバイトの年間収入） |
| 逸　　失　　利　　益 | | 年額668万6,800円（平成20年賃金センサス男子大卒全年齢平均賃金） |

## 1　当事者の主張

(1)　原告の主張

　休業損害は、事故前年（大学2年時）のアルバイトの年間収入である
75万7,609円を基礎収入として算定すべきである。

　逸失利益は、平成20年賃金センサス男子大卒全年齢平均賃金である
668万6,800円を基礎収入として算定すべきである。

204

第3節 大学生

(2) 被告の主張

　休業損害については、大学3年時は大学2年時ほどは稼働できないの
が通常であるから、大学2年時のアルバイト収入を基礎収入とすること
に合理性はない。

　逸失利益については、原告の後遺障害は収入に影響しない。

**2　解説**

　被害者は、**学生（男子）**である。

　判決は、被害者が現在大学4年生で、1年後に卒業予定であることか
ら、逸失利益算定の基礎収入を、平成20年賃金センサス男子大卒平均賃
金である668万6,800円とした。


【4－3－8】**事故時20歳の女子大学生の逸失利益について、大学在学
　　　　　中はアルバイト収入が不確定であるとして、基礎収入を明示せず認
　　　　　定し、大学卒業後は基礎収入を、賃金センサス女子大卒全年齢平均
　　　　　賃金とした事例**

（大阪地判平23・3・25交民44・2・419　田中敦裁判官）

**＜判決の概要＞**

| 被害者<br>（死亡） | 事　故　日 | 平成20年7月17日 　　　　　　　　　　死亡事故 |
| :---: | :---: | :--- |
| | 年　　　齢 | 事故時20歳 |
| | 性別・職業 | 女性・大学生 |
| 算　定　の　基　礎　収　入　額 | | |
| 逸　失　利　益 | | 大学在学中の2年間：合計80万円<br>大学卒業後：年額438万4,300円（平成20年賃金セン<br>サス女子大卒全年齢平均賃金） |

**205**

第4章　学生等

## 1　当事者の主張

(1)　原告の主張

　在学中の逸失利益は、亡女が事故時大学3回生であり、事故年の事故前日までのアルバイト収入が34万1,100円であったこと、また、事故前年のアルバイト収入は、年額99万6,915円であったことに照らせば、年額99万6,915円を基礎年収として算出すべきである。

　大学卒業後の逸失利益は、男女間の賃金格差が少なくなりつつあること等を勘案し、平成20年賃金センサス男女計学歴計全年齢平均賃金である486万0,600円を基礎収入として算出すべきである。

(2)　被告の主張

　大学卒業までの逸失利益は争う。

　大学卒業後の逸失利益は、平成20年賃金センサス女子大卒全年齢平均賃金である438万4,300円を基礎収入として算出すべきである。

## 2　解説

　被害者は、**学生（女子）**である。

　判決は、被害者が、大学を卒業後に商社関係への就職を考えていたことは窺えるものの、どのような職種に就職するのかは明らかでないとし、賃金センサスの全労働者平均賃金の採用を認めず、結局、平成20年賃金センサス女子大卒全年齢平均賃金である438万4,300円を逸失利益算定の基礎収入とした。

第4節　専門学校生・その他

# 第4節　専門学校生・その他

【4－4－1】就職が内定していた事故時20歳の女子美容専門学校生の
　　逸失利益について、その基礎収入を、賃金センサス女子高専・短大
　　卒全年齢平均賃金とした事例

（大阪地判平28・7・15交民49・4・886　相澤千尋裁判官）

＜判決の概要＞

| 被害者<br>（死亡） | 事　故　日 | 平成24年9月1日　　　　　　　死亡事故 |
|---|---|---|
| | 年　　　齢 | 事故時20歳 |
| | 性別・職業 | 女性・美容専門学校生 |
| 算　定　の　基　礎　収　入　額 | | |
| 逸　失　利　益 | | 年額376万9,300円（平成25年賃金センサス女子高<br>専・短大卒全年齢平均賃金） |

## 1　当事者の主張

(1)　原告の主張

　亡女は、専門学校在学中にメイクアップアーティスト・ベーシック等
の資格試験に合格し、美容師ではなく、メイクアップアーティスト又は
エステティシャンないしネイリストとして美容室に就職することが内定
しており、上記職種では、平成25年賃金センサス女子高専・短大卒全年
齢平均賃金である376万9,300円に相当する収入を得られる蓋然性がある
から、その逸失利益は、上記金額を基礎収入として逸失利益を算定すべ
きである。

(2)　被告の主張

　亡女の最終学歴は高校卒であること、また、平成24年賃金センサス女

**207**

第4章　学生等

子理容・美容師全年齢平均賃金は、高専・短大卒でも、年額257万4,100
円に過ぎないことから、その逸失利益は、平成24年賃金センサス女子高
卒全年齢平均賃金である294万2,300円を基礎収入として算定すべきであ
る。

### 2　解説

被害者は、**美容専門学校生**である。

判決は、被害者が本件事故当時、A美容専門学校の2年生であり、美
容関係の検定試験に合格していたこと、及び平成25年4月からは美容室
への就職が内定していたことなどの事実から、平成25年高専・短大卒全
年齢平均賃金376万9,300円を逸失利益算定の基礎収入とした。

## 【4－4－2】 事故時19歳の男子調理専門学校生の逸失利益について、その基礎収入を、賃金センサス男子学歴計全年齢平均賃金とした事例　（名古屋地判平27・5・11交民48・3・549　横井健太郎裁判官）

### ＜判決の概要＞

| 被害者<br>（死亡） | 事　故　日 | 平成24年2月19日　　　　　　　　死亡事故 |
| | 年　　　齢 | 事故時19歳 |
| | 性別・職業 | 男性・調理専門学校生 |
| 算　定　の　基　礎　収　入　額 | | |
| 逸　失　利　益 | | 年額529万6,800円（平成24年賃金センサス男子学歴計全年齢平均賃金） |

## 1　当事者の主張

⑴　原告の主張

亡男は、本件事故当時19歳と若年であったから、その逸失利益は、平
成23年賃金センサス男子学歴計全年齢平均賃金である526万7,600円を基

礎収入として算定すべきである。

(2)　被告の主張

　亡男は、本件事故当時、調理専門学校１年生で、卒業後は調理師として稼働予定であったから、その逸失利益は、平成23年賃金センサス男女計調理師全年齢平均賃金である328万0,800円を基礎収入として算定すべきである。

## 2　解説

　被害者は、**調理専門学校生**である。

　判決は、被害者が本件事故当時、Ａ調理専門学校の学生であったが、当時、両親との間で料理に関する話をし、将来は調理師となって父親とともに店舗を経営する夢を持っていたと認められることから、同人が、将来は調理師として稼働する蓋然性は高かったと認定しつつも、しかし、その職業選択の内容は必ずしも限定されたものではなかったとして、平成24年賃金センサス男子全年齢平均賃金の529万6,800円を逸失利益算定の基礎収入とした。

---

## 【４－４－３】高校を中退して大工見習いをしていた事故時16歳の男子の逸失利益について、その基礎収入を、賃金センサス男子学歴計全年齢平均賃金とした事例

（大阪地判平27・6・16交民48・3・740　瀬戸茂峰裁判官）

### ＜判決の概要＞

| 被害者<br>（死亡） | 事　故　日 | 平成24年4月5日 | 死亡事故 |
|---|---|---|---|
| | 年　　　齢 | 事故時16歳 | |
| | 性別・職業 | 男性・高校中退・大工見習い | |
| 算　定　の　基　礎　収　入　額 | | | |

第 4 章　学生等

| 逸　失　利　益 | 年額526万7,600円（平成23年賃金センサス男子学歴計全年齢平均賃金） |
|---|---|

## 1　当事者の主張

(1)　原告の主張

　亡男子の逸失利益は、平成23年賃金センサス男子学歴計全年齢平均賃金である526万7,600円を基礎収入として算定すべきである。

(2)　被告の主張

　亡男子は、高校を中退し、本件事故当時は大工見習いであったから、その逸失利益は、平成24年賃金センサス男子中卒全年齢平均賃金である383万9,600円を基礎収入として算定すべきである。

## 2　解説

　被害者は、**大工見習い（高校中退）**である。

　判決は、被害者が平成23年4月にA高校に入学したが、同年12月に同校を中退したこと、また、平成24年3月頃、訴外Bの下で大工見習いとして稼働していたことを認めた上で、同人に就労の意欲はあり、死亡時は16歳の若年者であることを踏まえ、逸失利益算定の基礎収入を、平成23年男子全年齢平均賃金の526万7,600円とした。

【4－4－4】中学を卒業後、進学せずに居酒屋で稼働していた事故時15歳の女子の逸失利益について、その基礎収入を、賃金センサス女子学歴計全年齢平均賃金とした事例

（東京地判平25・9・6交民46・5・1174　小河原寧裁判官）

第4節　専門学校生・その他

### ＜判決の概要＞

| 被害者<br>（死亡） | 事　故　日 | 平成24年8月10日　　　　　　　　死亡事故 |
| | 年　　　齢 | 事故時15歳 |
| | 性別・職業 | 女性・中学卒・居酒屋勤務 |
| 算　定　の　基　礎　収　入　額 | | |
| 逸　失　利　益 | | 年額354万7,200円（平成24年賃金センサス女子学歴<br>計全年齢平均賃金） |

## 1　当事者の主張

(1)　原告の主張

　亡女子の逸失利益は、平成23年賃金センサス男女計学歴計全年齢平均賃金である470万9,300円を基礎収入として算定すべきである。

(2)　被告の主張

　亡女子は、中学卒であることから、その逸失利益は、平成23年賃金センサス女子中卒19歳以下平均賃金である175万1,800円を基礎収入として算定すべきである。

## 2　解説

　被害者は、**アルバイト（居酒屋、女子・中学卒）**である。

　判決は、被害者が中学を卒業後に進学せず、平成24年3月からA市内の居酒屋で時給750円で稼働していたが、本件事故によって15歳で死亡したことなどの事実から、逸失利益算定の基礎収入を、平成24年賃金センサス女子全年齢平均賃金である354万7,200円とした。

---

**【4－4－5】商業高校を中退後、工業高校に再入学予定であった事故時16歳の男子の逸失利益について、その基礎収入を、賃金センサス男子学歴計全年齢平均賃金とした事例**

**211**

第4章　学生等

（東京地判平24・12・26交民45・6・1586　松林朋佳裁判官）

### ＜判決の概要＞

| 被害者<br>（死亡） | 事　故　日 | 平成22年1月14日　　　　　　　　　死亡事故 |
|---|---|---|
| | 年　　　齢 | 事故時16歳 |
| | 性別・職業 | 男性・高校中退（高校再入学予定） |
| 算　定　の　基　礎　収　入　額 | | |
| 逸　失　利　益 | | 年額523万0,200円（平成22年賃金センサス男子学歴<br>計全年齢平均賃金） |

## 1　当事者の主張

(1)　原告の主張

　亡男子は、高校進学を予定していたから、その逸失利益は、平成20年賃金センサス男性学歴計全年齢平均賃金である550万3,900円を基礎収入として算定すべきである。

(2)　被告の主張

　亡男子の逸失利益は、死亡年の平成22年の賃金センサス男子学歴計全年齢平均賃金である523万0,200円を基礎収入として算定すべきである。

## 2　解説

　被害者は、**高校中退者**である。

　判決は、被害者が商業高校を中退し、平成22年春に工業高校に再入学することを予定していたとした上で、同人が本件事故当時16歳の男子であることから、逸失利益算定の基礎収入は、平成22年男子全年齢平均賃金である523万0,200円とした。

第4節　専門学校生・その他

【4－4－6】　事故時18歳（症状固定時23歳）の男子専門学校生について、休業損害算定の基礎収入は賃金センサス男子高専・短大卒20～24歳平均賃金とし、逸失利益算定の基礎収入を賃金センサス男子学歴計全年齢平均賃金とした事例

（大阪地判平24・7・30交民45・4・933　田中俊行裁判官）

<判決の概要>

| 被 害 者 | 事　　故　　日 | 平成17年7月14日 |
| | 年　　　　　齢 | 事故時18歳（症状固定時23歳） |
| | 性別・職業 | 男性・専門学校生 |
| 算 定 の 基 礎 収 入 額 | | |
| 休　　業　　損　　害 | | 年額296万7,900円（平成19年賃金センサス男子高専・短大卒20～24歳平均賃金） |
| 逸　　失　　利　　益 | | 年額523万0,200円（平成22年賃金センサス男子学歴計全年齢平均賃金） |

## 1　当事者の主張

(1)　原告の主張

　被害者は、本件事故当時に専門学校生であったから、その本来の就労開始時からの休業損害は、平成19年賃金センサス男子高専・短大卒20～24歳平均賃金である296万7,900円を基礎収入として算定すべきである。

　逸失利益は、平成19年賃金センサス男子学歴計全年齢平均賃金である554万7,200円を基礎収入として算定すべきである。

(2)　被告の主張

　特になし。

## 2　解説

　被害者は、**専門学校生**である。

**213**

第4章　学生等

　判決は、被害者が本件事故当時18歳の専門学校生であり、仮に本件事故に遭っていなければ、平成19年4月から就労を開始するはずであったことが認められるとした上で、逸失利益算定の基礎収入を、平成22年賃金センサス男子全年齢平均賃金である523万0,200円とした。

【4－4－7】　事故時18歳（症状固定時19歳）の男子浪人生について、休業損害を認めず、逸失利益算定の基礎収入を賃金センサス男子大卒全年齢平均賃金とした事例

（東京地判平22・9・30交民43・5・1265　中西茂裁判官ほか）

＜判決の概要＞

| 被害者 | 事　故　日 | 平成18年8月7日 |
|---|---|---|
| | 年　　　齢 | 事故時18歳（症状固定時19歳） |
| | 性別・職業 | 男性・浪人生 |
| 算　定　の　基　礎　収　入　額 | | |
| 休　業　損　害 | | 休業損害を認めず。 |
| 逸　失　利　益 | | 年額680万7,600円（平成19年賃金センサス男子大卒全年齢平均賃金） |

## 1　当事者の主張

(1)　原告の主張

　原告は、本件事故当時浪人中であり、本件事故がなければ、平成19年4月には大学に入学する蓋然性が高かったが、本件事故により大学入学が遅れた。その結果、就職が遅れたことによる原告の休業損害は、平成18年賃金センサス男子大卒20～24歳平均賃金である322万4,000円を基礎収入として算定すべきである。

　逸失利益は、大学卒業を前提とした収入である平成18年賃金センサス

**214**

第4節　専門学校生・その他

男子大卒全年齢平均賃金である676万7,500円を基礎収入として、算定すべきである。

(2)　被告の主張

休業損害については、症状固定日当時、原告は就業していなかったから、その発生を否認する。

逸失利益については、大学卒業を前提とした収入ではなく、男子学歴計全年齢平均賃金を基礎収入とすべきである。

## 2　解説

被害者は、**予備校生**である。

判決は、被害者は本件事故当時浪人中であったが、Ａ予備校の国公立医進コースに在籍していたことが認められるとして、逸失利益算定の基礎収入を、平成19年度賃金センサス男子大卒全年齢平均賃金680万7,600円とした。

# 第5章　無職者等

第1節　30歳未満

# 第1節　30歳未満

【5－1－1】デザイン専門学校を卒業後、アルバイトをしながらデザイナーの仕事を探していた事故時25歳の男性の逸失利益について、その基礎収入を、賃金センサス男子学歴計25～29歳平均賃金で算定した事例（大阪地判平27・8・28交民48・4・1017　武田瑞佳裁判官）

<判決の概要>

| 被害者<br>（死亡） | 事　故　日 | 平成23年9月22日 | 死亡事故 |
|---|---|---|---|
| | 年　　　齢 | 事故時25歳 | |
| | 性別・職業 | 男性・アルバイトをしながら求職中 | |
| 算　定　の　基　礎　収　入　額 | | | |
| 逸　失　利　益 | | 年額385万0,700円（平成22年賃金センサス男子学歴計25～29歳平均賃金） | |

## 1　当事者の主張

(1)　原告の主張

逸失利益は、平成22年賃金センサス男子学歴計全年齢平均賃金を基礎収入として算定すべきである。

(2)　被告の主張

基礎収入についての主張は特になし。

## 2　解説

被害者は、**アルバイト（求職中）**である。

判決は、被害者が高校を経て大阪市内のデザイン専門学校に進み、同校を卒業後、アルバイトをしながらデザイナーの仕事を探していたと認めた上で、同人は、67歳までの42年間にわたり平成22年賃金センサス男

第5章　無職者等

子学歴計25歳から29歳までの平均賃金である385万0,700円の収入を得る
蓋然性があると認めた（逸失利益算定の基礎収入）。

【5－1－2】 事故時は21歳（症状固定時22歳）の浪人生であったが、
　　事故後、短大に入学して卒業した男性について、休業損害は認め
　　ず、逸失利益算定の基礎収入を賃金センサス男子高専・短大卒全年
　　齢平均賃金とした事例

　　　　　　（東京地判平27・3・25交民48・2・403　有冨正剛裁判官）

＜判決の概要＞

| 被害者 | 事　故　日 | 平成21年6月20日 |
|---|---|---|
| | 年　　　齢 | 事故時21歳（症状固定時22歳） |
| | 性別・職業 | 男性・浪人生 |
| 算　定　の　基　礎　収　入　額 | | |
| 休　業　損　害 | | 休業損害を認めず。 |
| 逸　失　利　益 | | 年額470万0,300円（平成22年賃金センサス男子高専・短大卒全年齢平均賃金） |

## 1　当事者の主張

(1)　原告の主張

　原告は、本件事故当時、大学受験浪人中であったが、父親と同居し
て、家事労働の一切を行っていた。よって、家事労働に従事できなく
なったことによる休業損害は、平成21年賃金センサス女子学歴計全年齢
平均賃金である348万9,000円を基礎収入として算定すべきである。

　また、逸失利益は、原告が本件事故後、短期大学に入学し、卒業した
ことから、平成21年賃金センサス男子学歴計全年齢平均賃金である529
万8,200円を基礎収入として算定すべきである。

第1節　30歳未満

(2)　被告の主張

　原告が家事労働に従事していた点は不知である。仮に休業損害が認められる場合、その基礎収入については争わない。

　逸失利益については、平成21年賃金センサス男子高専・短大卒全年齢平均賃金である470万0,300円を基礎収入として算定すべきである。

## 2　解説

　被害者は、**浪人生**である。

　判決は、被害者の症状固定時の年齢（22歳）、後遺障害の内容・程度、同人が約3年後の平成24年3月31日に短大を卒業していることなどの事実に照らし、逸失利益算定の基礎収入を、賃金センサス平成22年男子短大卒全年齢平均賃金の470万0,300円とした。

【5－1－3】求職中で、区職員の採用選考に応募していた事故時30歳（症状固定時32歳）の無職の女性について、休業損害・逸失利益ともその基礎収入を、賃金センサス女子学歴計全年齢平均賃金とした事例　　（東京地判平23・2・3交民44・1・197　中西茂裁判官ほか）

### ＜判決の概要＞

| 被害者 | 事　故　日 | 平成10年9月9日 |
|---|---|---|
|  | 年　　　齢 | 事故時30歳（症状固定時32歳） |
|  | 性別・職業 | 女性・無職（東京都区職員採用試験受験予定） |
| 算　定　の　基　礎　収　入　額 | | |
| 休　業　損　害 | | 年額345万3,500円（平成11年賃金センサス女子学歴計全年齢平均賃金） |
| 逸　失　利　益 | | 年額345万3,500円（平成11年賃金センサス女子学歴計全年齢平均賃金） |

**221**

第 5 章　無職者等

## 1　当事者の主張

(1)　原告の主張

　原告は、本件事故当時無職であったが、本件事故日の約 3 か月後に東京都の区職員の採用試験を受験し、これに合格する蓋然性が高かった。

　原告が区職員に採用されていれば、本件事故日の翌年 4 月 1 日以降、少なくとも年額324万8,175円の収入を得ることができたはずであること、また、原告の能力や昇給等を考慮すると、原告の休業損害は、平成10年賃金センサス男女計学歴計30～34歳平均賃金である491万8,500円を基礎収入として算定すべきである。

　また、原告の逸失利益は、平成12年賃金センサス男女計学歴計30～34歳平均賃金である476万9,500円を基礎収入として算定すべきである。

(2)　被告の主張

　休業損害・逸失利益とも否認する。

　逸失利益算定は、原告が従前運転手として稼働していた際に得ていた収入ないし区職員として採用された場合に見込まれる収入額である324万8,175円を基礎収入として算定すべきである。

## 2　解説

　被害者は、**無職者（求職中）**である。

　判決は、被害者が、以前300万円余りの収入を得ていたこと、本件事故当時は求職中であり、平成11年度採用の東京都 E 区職員採用選考に応募していた事実を認めた上で、同女の年齢や過去の就業時における収入を勘案し、平成11年賃金センサス女子全年齢の平均賃金である345万3,500円を逸失利益算定の基礎収入とした。

第2節　30歳以上65歳未満

# 第2節　30歳以上65歳未満

【5−2−1】パニック障害のため離職していた事故時46歳（症状固定
　　時48歳）の女性について、休業損害は認めず、逸失利益算定の基礎
　　収入を賃金センサス女子45〜49歳平均賃金の7割とした事例

（神戸地判平29・4・28交民50・2・513　東根正憲裁判官）

## ＜判決の概要＞

| 被害者 | 事 故 日 | 平成22年4月28日 |
|---|---|---|
| | 年 齢 | 事故時46歳（症状固定時48歳） |
| | 性別・職業 | 女性・無職 |
| 算 定 の 基 礎 収 入 額 | | |
| 休 業 損 害 | | 休業損害を認めず。 |
| 逸 失 利 益 | | 年額274万4,490円（平成24年賃金センサス女子学歴計45〜49歳平均賃金392万0,700円の7割） |

## 1　当事者の主張

(1)　原告の主張

　原告は、本件事故前、パニック障害のため仕事が困難となり離職して
いたが、本件事故当時には寛解して、仕事に復帰できる状態となってい
たところ、本件事故により就職活動ができなくなったから、休業損害
は、月額31万2,308円を基礎収入として算定すべきである。

　また、原告の逸失利益も、同じく月額31万2,308円を基礎収入として
算定すべきである。

(2)　被告の主張

　休業損害も逸失利益も否認する。

**223**

第 5 章　無職者等

## 2　解説

被害者は、**無職者（パニック障害）**である。

判決は、被害者が本件事故前に就職活動をしていた事実が認められることから、同女には就労の意欲及び能力があり、逸失利益を認めるのが相当と判断した。ただし、逸失利益算定の基礎収入は、平成24年賃金センサス女子45歳から49歳までの平均賃金392万0,700円の7割（274万4,490円）とした。

【5－2－2】事故の約10か月前から生活保護を受給していた事故時50歳（症状固定時52歳）の無職の男性について休業損害は認めず、逸失利益算定の基礎収入を男性の職歴、生活保護受給前の月収等から、年額300万円とした事例

（東京地判平28・6・27交民49・3・780　松川まゆみ裁判官）

### ＜判決の概要＞

| 被害者 | 事　故　日 | 平成22年10月24日 |
|---|---|---|
| | 年　　　齢 | 事故時50歳（症状固定時52歳） |
| | 性別・職業 | 男性・無職（生活保護受給者） |
| 算　定　の　基　礎　収　入　額 | | |
| 休　　業　　損　　害 | | 休業損害を認めず。 |
| 逸　　失　　利　　益 | | 年額300万0,000円（原告の年齢、学歴、職歴及び生活保護受給前の月収（20万円程度）から認定した。） |

## 1　当事者の主張

(1)　原告の主張

原告の休業損害は、日額5,700円を基礎収入として算定すべきである。

また、原告の逸失利益は、平成22年賃金センサス男子中卒50～54歳平

224

均賃金である476万2,500円を基礎収入として算定すべきである。

(2) 被告の主張

原告は、平成21年12月ころから生活保護を受給しているから、休業損害は認められない。また、逸失利益算定の基礎収入についても、賃金センサス程度の収入を得る蓋然性はない。

## 2 解説

被害者は、**無職者（生活保護受給者）**である。

判決は、被害者は、高校中退後、建設作業員、運転手、飲食店主などをしていたが、本件事故当時は無職であり、それ以前の直近の月収は20万円程度であったとした上で、逸失利益算定の基礎収入を年額300万円とした。

【5－2－3】労災等級併合7級相当の既存障害があり、56％の労働能力を喪失していた、事故時63歳の無職の男性の逸失利益について、その基礎収入を、賃金センサス男子学歴計60〜64歳平均賃金から、労災事故により喪失した労働能力分56％を差し引いて算定した事例

（神戸地判平28・1・20交民49・1・23　東根正憲裁判官）

### ＜判決の概要＞

| 被害者<br>（死亡） | 事　故　日 | 平成24年2月9日　　　　　　　　　　　　死亡事故 |
|---|---|---|
| | 年　　　齢 | 事故時63歳 |
| | 性別・職業 | 男性・無職 |
| 算　定　の　基　礎　収　入　額 | | |
| 逸　　失　　利　　益 | | 年額180万0,876円（平成24年賃金センサス男子学歴計60〜64歳平均賃金409万2,900円から、労災事故により喪失した56％の労働能力を差し引いた金額） |

225

第5章　無職者等

## 1　当事者の主張

(1)　原告の主張

　原告は、本件事故がなければ、少なくとも就労可能年数分の休業補償給付金相当額を得ることができたから、原告の逸失利益は、休業補償給付等の年間受給額である298万5,116円を基礎収入として算定すべきである。

(2)　被告の主張

　否認する。

## 2　解説

　被害者は、**無職者**である。

　判決は、被害者は本件事故当時は、従前に発生した労災事故によって無職であったこと、従前労災事故前はボイラー運転管理の業務に従事していたこと、また、55歳頃から一級ボイラー技士、第一種衛生管理者等の資格を有していたことを認定した上で、本件事故前には、就労の蓋然性があったとした。そして、逸失利益算定の基礎収入を、平成24年賃金センサス男子60歳から64歳までの年収409万2,900円から、すでに従前労災事故によって喪失している労働能力分（56％）を差し引いた180万0,876円とした。


【5－2－4】　難民認定申請中で無職の事故時44歳（症状固定時45歳）のスリランカ人の男性について、逸失利益算定の基礎収入を、同国の作業員等の賃金の平均値を参考に、原告主張の金額の3割相当額とした事例

（東京地判平27・12・17交民48・6・1482　北川幸代裁判官）

第 2 節　30歳以上65歳未満

＜判決の概要＞

| | | |
|---|---|---|
| 被 害 者 | 事　故　日 | 平成24年12月25日 |
| | 年　　齢 | 事故時44歳（症状固定時45歳） |
| | 性別・職業 | 性別不明・無職（スリランカ人・難民認定申請中） |
| 算　定　の　基　礎　収　入　額 | | |
| 逸　失　利　益 | | 年額43万2,000円（スリランカの製造業・作業員、同エンジニア、同マネージャー、非製造業・スタッフ及び同マネージャーの平均月額賃金の平均値に鑑みて、原告主張の基礎収入額144万0,000円の3割とした。） |

## 1　当事者の主張

(1)　原告の主張

　原告は、スリランカ人であり、本件事故当時は難民認定申請中で就労していなかったが、スリランカで稼働していた当時の年収は約144万円であったことから、当該金額を逸失利益算定のための基礎収入とすべきである。

(2)　被告の主張

　争う。

## 2　解説

　被害者は、**外国人（スリランカ人）**である。

　判決は、被害者がスリランカ国内で稼働していたと主張する平成21年時点での、スリランカの平均賃金から算出された値（米ドル換算で413.8ドル）を参考に、同人の主張する年収（144万円）の3割に相当する43万2,000円を逸失利益算定の基礎収入とした。

**227**

第5章　無職者等

【5－2－5】勤務先が倒産したため求職活動をした結果、新しい就職
　　先が決まり入社準備中であった事故時38歳（症状固定時40歳）の男
　　性について、休業損害・逸失利益ともその基礎収入を、賃金センサ
　　ス男子学歴計全年齢平均賃金の60％とした事例

（神戸地判平26・8・15交民47・4・964　田中智子裁判官）

＜判決の概要＞

| 被害者 | 事　故　日 | 平成14年10月10日 |
| | 年　　　　齢 | 事故時38歳（症状固定時40歳） |
| | 性別・職業 | 男性・無職（入社準備中） |
| 算　定　の　基　礎　収　入　額 | | |
| 休　　業　　損　　害 | | 年額333万2,760円（平成14年賃金センサス男子学歴計全年齢平均賃金555万4,600円の60％） |
| 逸　　失　　利　　益 | | 年額325万6,200円（平成16年賃金センサス男子学歴計全年齢平均賃金542万7,000円の60％） |

## 1　当事者の主張

(1)　原告の主張

　原告は、本件事故当時、新しい会社に入社することが内定しており、その準備中であったから、その休業損害は、平成14年賃金センサス男子学歴計全年齢平均賃金である555万4,600円を基礎収入として算定すべきである。

　原告の逸失利益は、平成22年賃金センサス男子学歴計全年齢平均賃金である523万0,200円を基礎収入として算定すべきである。

(2)　被告の主張

　争う。

228

第2節　30歳以上65歳未満

## 2　解説

被害者は、**無職者（就職内定者）**である。

判決は、被害者は、大学中退後、株式会社Aに勤務し、平成11年からはB株式会社に勤めたが同社が間もなく倒産したため、その後に求職活動を行い、本件事故当時は、株式会社Cに入社が内定していた。しかし、株式会社Cの就労条件は不明であり、B株式会社での賃金が275万8,648円であったことから、判決は、逸失利益算定の基礎収入として、平成16年男子平均賃金542万7,000円の60％に当たる325万6,200円とした。

【5－2－6】公認会計士試験の勉強をしながら、チケット販売による所得を得ていた事故時35歳の男性の逸失利益について、その基礎収入を、賃金センサス男子学歴計全年齢平均賃金とした事例

（名古屋地判平26・8・21交民47・4・990　横井健太郎裁判官）

### ＜判決の概要＞

| 被害者<br>（死亡） | 事　故　日 | 平成21年7月11日 | 死亡事故 |
|---|---|---|---|
| | 年　　　齢 | 事故時35歳 | |
| | 性別・職業 | 男性・無職 | |
| 算　定　の　基　礎　収　入　額 | | | |
| 逸　失　利　益 | | 年額529万8,200円（平成21年賃金センサス男子学歴計全年齢平均賃金） | |

## 1　当事者の主張

(1)　原告の主張

亡男は、公認会計士の資格を取得すべく、13年間にわたり勉強を続けており、いずれ資格を取得する可能性があったこと、チケット販売業

**229**

第5章　無職者等

で、賃金センサス男子大卒全年齢平均賃金と大差ない額の収入を得ていたこと、及びチケット販売業には継続性がないことから、亡男の逸失利益は、平成21年賃金センサス男子大卒全年齢平均賃金654万4,800円と、同年賃金センサス男女公認会計士全年齢平均年収1,036万6,100円の中間値である845万5,450円を基礎収入として算定すべきである。

(2)　被告の主張

　亡男は、公認会計士試験合格を前提とした基礎収入の算定の前提に欠ける。また、チケット販売の売上の立証には信用性がなく、その事業の継続性に疑問もある。よって、亡男の基礎収入は0円とせざるを得ない。

### 2　解説

　被害者は、**国家試験受験生**である。

　判決は、被害者について、平成8年から同21年まで公認会計士の受験勉強をしていた事実は認められるものの、実際に受験していたか否か、また、試験においてどの程度の成績を修めていたかは不明であり、同人において公認会計士有資格者の平均収入を得られることの蓋然性は認められないとした。他方、判決は、同人が大卒であるものの、35歳になっていながら定職に就いていないことを考慮し、逸失利益算定の基礎収入については、平成21年賃金センサス男子平均賃金529万8,200円とした。

---

【5−2−7】うつ病等のため通院中であり、また、勤務先から窃盗行為を理由とする解雇処分を受けた事故時45歳の男性の逸失利益について、その基礎収入を、賃金センサス男子大卒全年齢平均賃金の約45％とした事例

（京都地判平26・5・13交民47・3・600　比嘉一美裁判官）

第2節　30歳以上65歳未満

＜判決の概要＞

| 被害者<br>（死亡） | 事　故　日 | 平成23年1月22日　　　　　死亡事故 |
| | 年　　　齢 | 事故時45歳 |
| | 性別・職業 | 男性・アルバイト |
| 算　定　の　基　礎　収　入　額 | | |
| 逸　失　利　益 | | 年額290万0,000円（平成23年賃金センサス男子大卒<br>全年齢平均賃金646万0,200円の約45％） |

## 1　当事者の主張

(1)　原告の主張

　亡男は、大学卒業後、長年A協会に勤務しており、本件事故当時は同協会からの解雇処分の効力を争い係争中であったため、一時的にアルバイトを始めたばかりであった。よって、その逸失利益は、平成22年賃金センサス男子大卒45〜50歳平均賃金である809万5,400円を基礎収入として算定すべきである。

(2)　被告の主張

　亡男は、うつ病、妄想性障害及び不眠症の診断を受けて通院しており、就業には困難があるとされていた。また、窃盗行為を理由としてA協会から解雇処分を受けていた。そのような状況にあった亡男が、正社員として再雇用される可能性は極めて低く、労働能力も相当程度限定されていたから、原告主張の基礎収入額は認められない。

## 2　解説

　被害者は、**アルバイト（精神疾患者）**である。

　判決は、被害者は、大学を卒業後、昭和63年4月にA協会に入社したが、平成18年の春に、うつ病、妄想性障害、不眠症にかかり、さらに平成21年に窃盗行為を行った嫌疑で、翌平成22年3月にA協会から解雇処分を受けたと認めた。判決は、同人には精神疾患が認められ、今後、A

**231**

第5章　無職者等

協会と同程度の年収を得られる正規雇用は極めて厳しいと認定した上で、逸失利益算定の基礎収入として、平成23年男子大卒平均収入646万0,200円の約45％に相当する290万円とした。

【5－2－8】　57歳で退職後、就職活動や実家の農業の手伝いをして、60歳から年金を受給していた症状固定時63歳の男性について、逸失利益算定の基礎収入を、賃金センサス男子学歴計60～64歳平均賃金の50％とした事例

（横浜地判平26・6・19交民47・3・754　棚井啓裁判官）

＜判決の概要＞

| 被害者 | 事　故　日 | 平成18年9月7日 |
|---|---|---|
| | 年　　　齢 | 症状固定時63歳 |
| | 性別・職業 | 男性・無職 |
| 算　定　の　基　礎　収　入　額 | | |
| 逸　失　利　益 | | 年額215万9,850円（平成21年賃金センサス男子学歴計60～64歳平均賃金431万9,700円の50％） |

## 1　当事者の主張

(1)　原告の主張

　原告は、本件事故当時は無職であったが、過去には就労歴があり、心身に異常もなく、労働意欲及び労働能力を有していたから、再就職の蓋然性が認められる。よって、その逸失利益は、63歳の男子に対応する年齢別平均給与月額35万0,100円を基礎収入として算定すべきである。

(2)　被告の主張

　原告は、症状固定時63歳であり、無職で、厚生年金により生計を立てていたので、就労の蓋然性はなく、後遺障害逸失利益は生じていない。

第 2 節　30歳以上65歳未満

## 2　解説

被害者は、**無職者（年金受給者）**である。

判決は、被害者について、本件事故当時は無職であったが、症状固定時においては63歳と就労可能な年齢であり、また、同人はフォークリフトの操作資格や玉掛けの技能資格も有しており、退職後も、実家の農業を手伝ったりしている事実に照らせば、同人には就労の意欲及び能力がなかったとはいえないと認めた。他方、判決は、同人は年金で生計を立てており、症状固定後に就職活動をした形跡はなく就労意欲が弱いとした上で、逸失利益算定の基礎収入として、平成21年賃金センサス男子60歳から64歳までの平均賃金431万9,700円の50％に当たる215万9,850円とした。

## 【5－2－9】　裁判所職員として41年間勤務した後、大学院に入学し、卒業後、就職活動を行っていた事故時62歳の男性の逸失利益について、その基礎収入を、賃金センサス男子学歴計60〜64歳平均賃金とした事例　（京都地判平26・6・27交民47・3・813　上田賀代裁判官）

### ＜判決の概要＞

| 被 害 者<br>（死亡） | 事　故　日 | 平成22年6月18日 | 死亡事故 |
|---|---|---|---|
| | 年　　　齢 | 事故時62歳 | |
| | 性別・職業 | 男性・無職 | |
| 算　定　の　基　礎　収　入　額 | | | |
| 逸　失　利　益 | | 年額415万1,000円（平成22年賃金センサス男子学歴計60〜64歳平均賃金） | |

## 1　当事者の主張

(1)　原告の主張

233

第5章　無職者等

　亡男は、長年裁判所書記官を務めた経験があるだけでなく、大学院を修了し、多くの専門知識・資格を習得しており、本件事故時も専門知識を生かした就職活動を行っていた。よって、その逸失利益は、平成22年賃金センサス男子大卒60〜64歳平均賃金である595万5,100円を基礎収入として算定すべきである。

(2)　被告の主張

　亡男の年齢では、民間企業への就職の可能性は皆無であり、また、学者として大学に残ることも極めて困難であるから、亡男に就労の蓋然性はなく、年金以外の収入についての逸失利益は認められない。

**2　解説**

　被害者は、**無職者（求職中）**である。

　判決は、被害者は、かつて裁判所職員として勤めながら、大学を卒業し、退職後は大学院に入学及び卒業をして、就職活動を行っている際に本件事故に遭ったと認めた。判決は、同人には就労の蓋然性があるとしたが、半面、大学院を卒業後、約2か月が経過した本件事故の時点では就職先が決まっていなかったとした上で、平成22年賃金センサス男子60歳から64歳までの415万1,000円を逸失利益算定の基礎収入とした。

【5−2−10】別件交通事故の後、会社を退職して、6年5か月の間、無職で生活保護を受給していた事故時47歳の男性について、逸失利益算定の基礎収入を、賃金センサス男子学歴計全年齢平均賃金の25％とした事例

（神戸地判平26・6・27交民47・3・824　田中智子裁判官）

第 2 節　30歳以上65歳未満

＜判決の概要＞

| | | |
|---|---|---|
| 被 害 者 | 事 故 日 | 平成22年 8 月 7 日 |
| | 年 齢 | 事故時47歳（症状固定時47歳） |
| | 性別・職業 | 男性・無職（生活保護受給者） |
| 算 定 の 基 礎 収 入 額 | | |
| 逸 失 利 益 | | 年額130万7,550円（平成22年賃金センサス男子学歴計全年齢平均賃金523万0,200円の25％） |

## 1　当事者の主張

(1)　原告の主張

　　原告の逸失利益は、平成21年賃金センサス男子学歴計45〜49歳平均賃金である664万8,300円を基礎収入として算定すべきである。

(2)　被告の主張

　　原告は、退職後に本件事故発生時までの 6 年以上の間、就労せず、就職活動もしていなかったから、就労意欲も就労可能性も認められず、逸失利益は発生しない。

## 2　解説

　　被害者は、**無職者（生活保護受給者）**である。

　　判決は、被害者は、前回事故の以前、 3 か月間に平均20万2,460円の月収があったこと、前回事故の裁判で労働能力喪失率 5 ％の判決を受けていたこと、本件事故による後遺障害は14級 9 号に該当することなどの事情から、逸失利益算定の基礎収入を、平成22年賃金センサス男子労働者の平均賃金523万0,200円の25％に相当する130万7,550円とした。

**235**

第5章　無職者等

【5－2－11】理容師の資格を有するが、腎臓病と診断されて無職になり、家事労働をしていた症状固定時46歳の男性について、休業損害算定の基礎収入は賃金センサス女子学歴計全年齢平均賃金の80％とし、逸失利益算定の基礎収入を賃金センサス男子学歴計全年齢平均賃金の70％（最初の10年間）及び40％（その後の11年間）とした事例　　　　　　（釧路地判平26・3・17交民47・2・337　賀嶋敦裁判官）

<判決の概要>

| 被害者 | 事　故　日 | 平成22年5月2日 |
| | 年　　　齢 | 症状固定時46歳 |
| | 性別・職業 | 男性・無職 |
| 算　定　の　基　礎　収　入　額 | | |
| 休　　業　　損　　害 | | 年額276万7,520円（平成22年賃金センサス女子学歴計全年齢平均賃金345万9,400円の80％） |
| 逸　　失　　利　　益 | | 症状固定日から最初の10年間：年額366万1,140円（平成22年賃金センサス男子学歴計全年齢平均賃金523万0,200円の70％）その後の11年間：年額209万2,080円（平成22年賃金センサス男子学歴計全年齢平均賃金523万0,200円の40％） |

## 1　当事者の主張

(1)　原告の主張

　原告は、本件事故当時は主夫業をしていたが、理容師の資格を有しており、実家の理容店を継ぐ予定であった。よって、原告の休業損害及び逸失利益は、平成20年賃金センサス男子学歴計全年齢平均賃金である550万3,900円を基礎収入として算定すべきである。

(2)　被告の主張

　原告は、本件事故前から腎臓病を患っており、無職であったから、将

236

第 2 節　30歳以上65歳未満

来、実家の理容店を継ぐ蓋然性も、主夫として通常の家事労働を行う意思・能力もない。よって原告に休業損害は発生しない。

　原告は、遠くない将来に透析患者になると考えられるから、逸失利益も発生しない。

## 2　解説

　被害者は、**無職者（家事従事者）**である。

　判決は、被害者は、過去に実家の理容店や損害保険の代理店勤務を経て、平成14年9月頃に糸球体腎炎と診断された以降は無職となり、同人の家族のため家事労働に従事していたと認められるとした上で、逸失利益算定の基礎収入を、平成22年賃金センサス男子全年齢の平均賃金額523万0,200円の70％である366万1,140円（症状固定時から10年間）及び40％である209万2,080円（その後の11年間）とした。

---

**【5−2−12】生活保護を受給しながら、覚醒剤精神病及びアルコール依存症の治療のために入通院をしていた事故時44歳の無職の男性の逸失利益について、将来においては就労の蓋然性があったとして、その基礎収入を、賃金センサス男子学歴計全年齢平均賃金の50％とした事例**（東京地判平26・3・27交民47・2・450　波多野紀夫裁判官）

### ＜判決の概要＞

| 被害者<br>（死亡） | 事　故　日 | 平成22年10月10日 | 死亡事故 |
|---|---|---|---|
| | 年　　　齢 | 事故時44歳 | |
| | 性別・職業 | 男性・無職（生活保護受給者） | |
| 算　定　の　基　礎　収　入　額 | | | |
| 逸　失　利　益 | | 年額261万5,100円（平成22年賃金センサス男子学歴計全年齢平均賃金523万0,200円の50％） | |

237

第 5 章　無職者等

## 1　当事者の主張

⑴　原告の主張

　亡男は、本件事故当時、薬物依存症リハビリ施設のスタッフとして活動しており、就労可能な状態であったこと、亡男の父が代表取締役を務める会社の取締役に、年間報酬720万円で就任することが予定されていたこと等から、その逸失利益は、720万円を基礎収入として算定すべきである。

⑵　被告の主張

　亡男は、覚醒剤精神病と診断され、病院での入通院治療を行っていた上、体調などから勤めは無理であるとして生活保護を受給していたのであるから、就労の蓋然性はなく、逸失利益は認められない。

## 2　解説

　被害者は、**無職者（生活保護受給者）**である。

　判決は、被害者が本件事故当時に就労しておらず、また、本件事故前の 5 年間においても全く就労した実績がなく、しかも生活保護を受けていることから、逸失利益算定の基礎収入を、平成22年男子平均賃金である523万0,200円の50％に相当する261万5,100円とした。


**【5 － 2 －13】精神疾患による障害年金と貯金により 1 人で生活していた事故時52歳の女性について、休業損害は認めず、逸失利益算定の基礎収入を賃金センサス女子学歴計全年齢平均賃金の50％とした事例**　（東京地判平26・ 1 ・16交民47・ 1 ・46　白石史子裁判官ほか）

238

＜判決の概要＞

| 被害者 | 事 故 日 | 平成13年5月17日 |
| --- | --- | --- |
| | 年　　齢 | 事故時52歳 |
| | 性別・職業 | 女性・無職 |
| 算　定　の　基　礎　収　入　額 | | |
| 休　業　損　害 | | 休業損害を認めず。 |
| 逸　失　利　益 | | 174万9,950円（平成20年賃金センサス女子学歴計全年齢平均賃金349万9,900円の50％） |

## 1　当事者の主張

(1)　原告の主張

　原告は、本件事故当時就労していなかったが、うつ病は軽快しており、就労の意思を有し、就職先を探していたから、その休業損害は、平成13年賃金センサス女子学歴計全年齢平均賃金の8割である281万7,920円を基礎収入として算定すべきである。

　逸失利益は、平成19年賃金センサス女子学歴計全年齢平均賃金である346万8,800円の8割である277万5,040円を基礎収入として算定すべきである。

(2)　被告の主張

　原告は、平成11年に離婚した後は無職であり、精神科に定期的に通院し、就労が可能な状態ではなかったから、休業損害・逸失利益とも認められない。

## 2　解説

　被害者は、**無職者（精神疾患による障害年金受給者）**である。

　判決は、被害者について、本件事故当時、精神疾患ないしうつ病が軽快していた事実は窺えないとした上で、同人は21歳頃から27歳頃までは店舗販売員として稼働していたが、その後は職に就くことなく、専ら家

第5章　無職者等

事労働に従事していたと認定し、逸失利益算定の基礎収入として、平成
20年賃金センサス女子平均賃金である349万9,900円の5割に相当する
174万9,950円とした。

【5－2－14】事故当時無職であったが、飲食店への就職が決まってい
　　た事故時40歳（症状固定時40歳）の男性について、休業損害・逸失
　　利益ともその基礎収入を、就職先で得るはずであった給与の額とし
　　た事例　　（大阪地判平25・11・14交民46・6・1452　長島銀哉裁判官）

<＜判決の概要＞>

| 被害者 | 事　故　日 | 平成20年11月2日 |
| | 年　　　齢 | 事故時40歳（症状固定時40歳） |
| | 性別・職業 | 男性・無職 |
| 算　定　の　基　礎　収　入　額 | | |
| 休　　業　　損　　害 | | 日額7,200円（本件事故2日後から勤務する予定だった店で得るはずであった給与の額。時給900円に8時間を乗じて算出したもの） |
| 逸　失　利　益 | | 年額262万8,000円（日給7,200円に365日を乗じて算出したもの） |

## 1　当事者の主張

(1)　原告の主張

　休業損害について、原告は、事故当時無職であったが、飲食店でアル
バイトをすることが決まっており、時給900円（日給7,200円）を得るこ
とができる状態であったから、これを基礎収入とすべきである。仮にそ
うでなくても、原告は家事に従事していたから、その基礎収入は主婦の
休業損害の場合に準じて認定されるべきである。

第2節　30歳以上65歳未満

逸失利益について、原告には就労意欲があり、実際に上記飲食店での就労が決まっており、将来的には、毎月24万円から40万円程度の給与が支払われる予定であったことから、賃金センサス全年齢平均賃金を得る蓋然性があった。仮にそれが認められなくても、少なくとも、原告は家事に従事していた以上、その逸失利益算定のための基礎収入は、女子年齢別平均賃金を下回るものとされるべきではない。

(2)　被告の主張

原告は、上記飲食店には一度も出勤していない。また、家事労働を基礎収入として評価するためには、家事そのものが一般の就労と同程度と評価できるものである必要があるが、原告が就職後に、金銭評価に値する家事をしていたとは考えられない。よって、原告の休業損害は認められない。

また、原告が料理を学んで店を出す予定であったことに蓋然性はなく、原告が事故当時40歳であったことからすれば、将来の可能性として、平均賃金を得る蓋然性も認められない。よって、原告には逸失利益は認められない。仮に認められるとしても、その基礎収入は、時給900円の範囲に限られる。

## 2　解説

被害者は、**無職者**である。

判決は、被害者は、本件事故前にA店で日給7,200円で勤務することが決定していたことから、年収262万8,000円を逸失利益算定の基礎収入とした。また、判決は、家事労働として金銭的評価をするためには、単に家事手伝いをしていたということのみでは足らず、他人の分の家事労働の多くを代行し、それが独自の金銭的評価に値するという水準に達していることが必要であるとの立場をとった。

**241**

第 5 章　無職者等

【5－2－15】 事故時無職であった症状固定時32歳の男性について、休
　　業損害算定の基礎収入は賃金センサス男子学歴計30～34歳平均賃金
　　の75％とし、逸失利益算定の基礎収入を前職の就職先で得るはずで
　　あった給与の額の90％とした事例

（大阪地判平25・8・29交民46・4・1146　後藤慶一郎裁判官）

### ＜判決の概要＞

| 被害者 | 事　故　日 | 平成19年8月3日 |
| --- | --- | --- |
| | 年　　　齢 | 症状固定時32歳 |
| | 性別・職業 | 男性・無職 |
| 算　定　の　基　礎　収　入　額 | | |
| 休　　業　　損　　害 | | 年額362万4,975円（平成20年賃金センサス男子学歴計30～34歳平均賃金483万3,300円の75％に相当する額） |
| 逸　　失　　利　　益 | | 年額419万9,169円（前職の給与466万5,744円の90％に相当する額） |

## 1　当事者の主張

(1)　原告の主張

　原告の年齢と大学卒の学歴から推測すれば、原告は、少なくとも平成19年11月には就職して、前職時の年収466万5,744円と同額を得ることができたと考えられるから、原告の休業損害及び逸失利益については、上記金額を基礎収入として、それぞれ算定すべきである。

(2)　被告の主張

　原告は、本件事故当時無職であり、前職を離職してから1年以上もの間、定職についていなかったから、本件事故がなければ速やかに就職していたとの蓋然性は認められない。仮に休業損害を認めるとしても、平

成21年賃金センサス男子学歴計30～34歳平均賃金463万2,300円の5割程度と考えるべきである。

## 2　解説

被害者は、**無職者**である。

判決は、被害者はA大学を卒業後、平成13年に医療法人Bに事務職員として就職し、平成18年6月まで勤務したが、退職時の年収は466万5,744円であったと認定した上で、逸失利益算定の基礎収入として、上記金額の90％に相当する419万9,169円とした。

---

## 【5－2－16】アルバイトをしながら家事労働の相当部分に従事していた事故時35歳の女性について、休業損害・逸失利益ともその基礎収入を、賃金センサス女子高専・短大卒35～39歳平均賃金の7割とした事例

（さいたま地判平23・11・18交民44・6・1423　橋本英史裁判官）

### ＜判決の概要＞

| 被害者 | 事　故　日 | 平成19年6月2日 |
|---|---|---|
| | 年　　　齢 | 事故時35歳 |
| | 性別・職業 | 女性・アルバイト・家事従事者 |
| 算　定　の　基　礎　収　入　額 | | |
| 休　業　損　害 | | 292万0,470円（平成18年賃金センサス女子高専・短大卒35～39歳平均賃金417万2,100円の7割） |
| 逸　失　利　益 | | 292万0,470円（平成18年賃金センサス女子高専・短大卒35～39歳平均賃金417万2,100円の7割） |

## 1　当事者の主張

(1)　原告の主張

**243**

第5章　無職者等

原告は、簿記学校を卒業し、アルバイト及び家事に従事しており、女子労働者の平均賃金額に等しい労働に従事したということができるから、原告の休業損害及び逸失利益は、平成18年賃金センサス女子高専・短大卒35〜39歳平均賃金である417万2,100円を基礎収入として算定すべきである。

(2)　被告の主張

原告の勤務による収入は、原告主張の賃金センサスの年収額を大きく下回っているし、原告は家族と同居する独身者であり、原告が主婦と同様の家事労働を負担していたとは推認し難いから、休業損害及び逸失利益算定のための基礎収入額については争う。

## 2　解説

被害者は、**アルバイト（家事従事者）**である。

判決は、被害者は簿記学校を卒業後、比較的短期間の就業を断続的に繰り返した後、平成17年からアルバイトをしながら家事労働の相当部分に従事していたと認めた上で、平成18年賃金センサス女子高専・短大卒の35歳から39歳までの年収額417万2,100円の7割に当たる292万0,470円を逸失利益算定の基礎収入とした。

**【5－2－17】高校時代にうつ状態が発現し、大学卒業後、職を転々として、本件事故前後は精神神経科に入院し、生活保護を受けていた事故時45歳（症状固定時47歳）の男性の逸失利益について、その基礎収入を、賃金センサス男子大卒全年齢平均賃金の7割とした事例**

（京都地判平23・5・10交民44・3・577　中武由紀裁判官）

第2節　30歳以上65歳未満

＜判決の概要＞

| 被害者 | 事　故　日 | 平成19年4月6日 | |
|---|---|---|---|
| | 年　　　齢 | 事故時45歳（症状固定時47歳） | |
| | 性別・職業 | 男性・不明（生活保護受給者） | |
| 算　定　の　基　礎　収　入　額 | | | |
| 逸　失　利　益 | | 468万0,760円（平成20年賃金センサス男子大卒全年齢平均賃金668万6,800円の7割） | |

## 1　当事者の主張

(1)　原告の主張

　原告の逸失利益は、平成19年賃金センサス男子大卒45〜49歳の平均賃金862万8,900円を基礎収入として算定すべきである。

(2)　被告の主張

　争う。

## 2　解説

　被害者は、**無職者（生活保護受給者）**である。

　判決は、被害者は、高校時代からうつ状態が発現し、本件事故前後においても、うつ病により平成19年3月から5月までA大病院精神神経科に入院中であり、また、生活保護も受けていたと認めた上で、同人の年齢、学歴等を考慮し、平成20年賃金センサス男子大卒全年齢平均賃金668万6,800円の7割程度の収入である468万0,760円を逸失利益算定の基礎収入とした。

**245**

第 5 章　無職者等

【5－2－18】家業の廃業後、職業訓練中に事故に遭った症状固定時48歳の無職の男性について、休業損害・逸失利益ともその基礎収入を、賃金センサス男子学歴計全年齢平均賃金の約6割強とした事例

（京都地判平23・6・10交民44・3・765　佐藤明裁判官）

＜判決の概要＞

| 被 害 者 | 事　故　日 | 平成14年12月15日 |
| | 年　　　齢 | 症状固定時48歳 |
| | 性別・職業 | 男性・無職（職業訓練中） |
| 算　定　の　基　礎　収　入　額 | | |
| 休　業　損　害 | | 350万0,000円（平成14年賃金センサス男子学歴計全年齢平均賃金555万4,600円の約6割強） |
| 逸　失　利　益 | | 350万0,000円（平成18年賃金センサス男子学歴計全年齢平均賃金555万4,600円の約6割強） |

## 1　当事者の主張

(1)　原告の主張

　原告は、本件事故当時失業中であったが、その直前までの稼働状況からすれば、原告の休業損害及び逸失利益は、平成14年賃金センサス男子学歴計全年齢平均賃金である555万4,600円を基礎収入として算定すべきである。

(2)　被告の主張

　原告の本件事故による休業損害は、本件事故当時の短期アルバイトの給与半月分のみである。また、原告が確実に就職できる見込みもなかったから、将来にわたって賃金センサスの平均賃金に近い所得を得られた蓋然性はなく、原告の休業損害及び逸失利益算定のための基礎収入を、原告主張の賃金センサスの平均賃金とすることはできない。

246

第3節　65歳以上の高齢者

## 2　解説

　被害者は、**無職者（職業訓練生）**である。

　判決は、同人は高校を卒業後、家業の染色業に従事していたが、平成7年頃からは派遣会社に登録し、Ａ社で平成13年12月まで勤務したが、同社を辞めた後、平成14年1月から1年間の予定で職業訓練を受けていたと認定した上で、逸失利益算定の基礎収入を、平成14年賃金センサス男子全年齢平均賃金である555万4,600円の約6割に相当する350万円とした。

**247**

第5章　無職者等

# 第3節　65歳以上の高齢者

【5－3－1】事故当時1人暮らしをしていた77歳の女性について、1
　人暮らしの家事については休業損害及び逸失利益算定の根拠となる
　労働として評価できないとして、いずれの損害も否定した事例

（神戸地判平26・4・30交民47・2・579　松井千鶴子裁判官）

### ＜判決の概要＞

| 被 害 者 | 事　　故　　日 | 平成20年4月23日 |
|---|---|---|
| | 年　　　　　齢 | 事故時77歳 |
| | 性別・職業 | 女性・無職 |
| 算　定　の　基　礎　収　入　額 | | |
| 休　　業　　損　　害 | | 休業損害を認めず。 |
| 逸　　失　　利　　益 | | 逸失利益を認めず。 |

## 1　当事者の主張

(1)　原告の主張

　原告は、本件事故当時1人暮らしで、家事に従事していたから、その
休業損害及び逸失利益は、平成22年賃金センサス女子学歴計70歳以上平
均賃金である289万6,900円を基礎収入として算定すべきである。

(2)　被告の主張

　原告は、本件事故当時77歳、症状固定時79歳で、無職であったから、
休業損害及び逸失利益は生じない。

## 2　解説

　被害者は、**無職者（1人暮らし）**である。

　判決は、被害者について、本件事故当時は無職で1人暮らしであった

248

第3節　65歳以上の高齢者

ことから、休業損害は発生しないとした。また、同女について、本件事故当時、就労する蓋然性があったとは認められず、さらに、1人暮らしの者の行う家事については、逸失利益算定の根拠となる労働として評価することはできないとした。

しかし、この結論には疑問が残る。被害者のそれまでの経歴、技能、年齢等からみて、依然として稼働能力があると認められるときは、たとえ1人暮らしであっても、逸失利益を認めることができるとするのが相当である。

## 【5－3－2】決まった収入はないが、布団の綿入れ作業や、障害者である妻の介護等を行っていた事故時78歳の男性の逸失利益について、その基礎収入を、賃金センサス男子学歴計70歳以上平均賃金の3分の1とした事例

（大阪地判平26・1・14交民47・1・39　横地大輔裁判官）

### ＜判決の概要＞

| 被害者 | 事　　故　　日 | 平成23年4月6日 |
|---|---|---|
| | 年　　　　齢 | 事故時78歳 |
| | 性別・職業 | 男性・無職 |
| 算　定　の　基　礎　収　入　額 | | |
| 逸　失　利　益 | | 119万7,733円（平成24年賃金センサス男子学歴計70歳以上平均賃金359万3,200円の3分の1） |

## 1　当事者の主張

(1)　原告の主張

原告の逸失利益は、賃金センサス男子学歴計65〜69歳平均賃金の50パーセント相当額である187万3,350円を基礎収入として算定すべきであ

**249**

第5章　無職者等

る。

(2)　被告の主張

　　原告には、逸失利益の発生は認められない。

## 2　解説

　　被害者は、**無職者（介護者）**である。

　　判決は、本件事故当時、被害者は定職に就いていなかったが、A株式会社で手伝いを行い、また、同人の妻の介護を娘とともに行っていたことから、逸失利益算定の基礎収入を、平成24年賃金センサス全労働者70歳以上の平均賃金359万3,200円の3分の1に当たる119万7,733円とした。

## 【5－3－3】自営業の店舗を他者に譲渡した後、田畑を借りて農作業に従事していた事故時67歳（症状固定時68歳）の男性の逸失利益について、その基礎収入を、賃金センサス男子学歴計65〜69歳平均賃金の30％とした事例

（大阪地判平25・10・17交民46・5・1356　後藤慶一郎裁判官）

### ＜判決の概要＞

| 被害者 | 事　故　日 | 平成22年5月2日 |
| --- | --- | --- |
| | 年　　　齢 | 事故時67歳、症状固定時68歳 |
| | 性別・職業 | 男性・農作業従事者 |
| 算　定　の　基　礎　収　入　額 | | |
| 逸　失　利　益 | | 103万1,130円（平成22年賃金センサス男子学歴計65〜69歳平均賃金343万7,100円の30％） |

## 1　当事者の主張

(1)　原告の主張

250

原告は、30年来自営してきた化粧品販売業を平成16年に他人に対して営業譲渡した頃から農業耕作を始め、ゆくゆくは事業として成り立たせることを念頭において、耕作面積や収穫も増やしていった。また、長年にわたり商店街で会長職を含む役員の仕事をして地域に貢献してきた。よって、原告の逸失利益は、平成21年賃金センサス男子学歴計65〜69歳平均賃金360万2,800円を基礎収入として算定すべきである。

(2)　被告の主張

　　否認ないし争う。

## 2　解説

　被害者は、**無職者**である。

　判決は、被害者が本件事故当時、妻とともに2人暮らしであったこと、他人から約40坪の農地を借りていわゆる家庭菜園を行っていたこと、また、ボランティア活動にも従事していたことを認め、逸失利益算定の基礎収入を、平成22年賃金センサス男子労働者65歳から69歳までの平均賃金が343万7,100円であることに照らし、その30％に当たる103万1,130円とした。

## 【5−3−4】妻とともにお茶摘みと新聞集金のアルバイトをしていた事故時71歳の男性の逸失利益について、その基礎収入を、事故直前の年間収入の実績推計額に諸般の事情を加えて認定した事例

（京都地判平24・11・14交民45・6・1331　柳本つとむ裁判官）

### ＜判決の概要＞

| 被害者<br>（死亡） | 事　故　日 | 平成22年4月7日 | 死亡事故 |
|---|---|---|---|
| | 年　　　齢 | 事故時71歳 | |
| | 性別・職業 | 男性・アルバイト（お茶摘み、新聞集金） | |

第 5 章　無職者等

| 算　定　の　基　礎　収　入　額 | |
|---|---|
| 逸　失　利　益 | 年額40万円（事故直前のアルバイトによる年間収入の実績推計額36万9,861円に諸般の事情を考慮して認定した額） |

## 1　当事者の主張

(1)　原告の主張

　亡男は、定年退職後も70歳まで嘱託職員として働いてきた。また、60歳を過ぎたころからは、お茶摘みと新聞集金のアルバイトをするようになり、本件事故時においても就労していた。よって亡男には就労意欲があり、就労可能年齢まで就労していた蓋然性があるので、その逸失利益は、平成21年賃金センサス男子学歴計70歳以上平均賃金である383万1,700万円を基礎収入として算定すべきである。

(2)　被告の主張

　亡男のお茶摘みと新聞集金のアルバイトの実収入額は証拠上不明である。また、お茶摘みは、季節労働であり通年の収入を得ることはできない。仮に事故前の就労による収入があると認められるとしても、平均賃金が得られた蓋然性はなく、基礎収入は20万円ないし30万円に止まる。

## 2　解説

　被害者は、**アルバイト**である。

　判決は、被害者が本件事故前に、お茶摘みのアルバイト及び新聞集金のアルバイトをしていたことから、それらの給与額から就労分に関する逸失利益算定の基礎収入（年収）を40万円とした。

第3節　65歳以上の高齢者

## 【5－3－5】持病があり、生活保護を受給して生計を立てていた事故時78歳の無職の男性の逸失利益について、将来稼働して収入を得られた蓋然性がないとして、その逸失利益を認めなかった事例

（大阪地判平24・7・26交民45・4・903　後藤慶一郎裁判官）

### ＜判決の概要＞

| 被害者<br>（死亡） | 事　故　日 | 平成22年10月10日　　　　　　　　死亡事故 |
|---|---|---|
| | 年　　　齢 | 事故時78歳 |
| | 性別・職業 | 男性・無職（生活保護受給者） |
| 算　定　の　基　礎　収　入　額 | | |
| 逸　失　利　益 | | 認められない。 |

### 1　当事者の主張

(1)　原告の主張

　亡男の逸失利益は、平成22年賃金センサス男子学歴計70歳以上平均賃金348万0,600円を基礎収入として算定すべきである。

(2)　被告の主張

　亡男が具体的に就労して収入を得ていたのかどうかが明らかではなく、今後具体的に就労の機会を得られる高度の蓋然性も認められないから、生存していれば得られていた収入を想定することはできない。

### 2　解説

　被害者は、**無職者（生活保護受給者）**である。

　判決は、被害者について、本件事故当時は、ぜんそくと高血圧の持病があって無職であり、また、生活保護を受給してその妻と生計を立てていたと認定し、同人について、本件事故当時収入を得ていた事実も、あるいは将来稼働して収入を得られた事実も認められないとして、逸失利益を否定した。

**253**

第5章　無職者等

【5－3－6】シルバー人材センターの紹介で駐輪場管理の仕事をする
　　ほか、妻の事業を手伝っていた症状固定時68歳の男性について、休
　　業損害・逸失利益ともその基礎収入を、賃金センサス男子学歴計65
　　～69歳平均賃金の40％とした事例

（大阪地判平24・8・28交民45・4・997　後藤慶一郎裁判官）

<＜判決の概要＞>

| 被害者 | 事　故　日 | 平成20年1月4日 |
|---|---|---|
| | 年　　　齢 | 症状固定時68歳 |
| | 性別・職業 | 男性・駐輪場管理 |
| 算　定　の　基　礎　収　入　額 | | |
| 休　　業　　損　　害 | | 年額145万2,800円（平成20年賃金センサス男子学歴計65～69歳平均賃金363万2,000円の40％） |
| 逸　　失　　利　　益 | | 年額145万2,800円（平成20年賃金センサス男子学歴計65～69歳平均賃金363万2,000円の40％） |

## 1　当事者の主張

(1)　原告の主張

　原告は、本件事故当時、シルバー人材センターの紹介で駐輪場の管理
の仕事に従事し、月約6万円の収入を得ていた。

　また、原告は、妻の事業の補助者として、電話対応、発送作業等に従
事しており、その売上は事故前年に1,742万5,315円、利益は745万4,309
円であった。原告は、給料の支給を受けていないが、その収益を夫婦共
同の収入として生活してきたから、実態は給与所得者と変わらず、原告
の基礎収入には、妻の事業に関する収入も斟酌すべきである。

　よって、原告の休業損害及び逸失利益算定のための基礎収入は、少な
くとも平成20年賃金センサス男子学歴計65～69歳平均賃金の363万2,000

254

円を下らない。

(2) 被告の主張

　否認する。

## 2　解説

　被害者は、**アルバイト（駐輪場管理人）**である。

　判決は、被害者は、本件事故当時、週に4、5回駐輪場管理人の仕事をしており、収入は平成19年分が62万8,700円であったこと、また、同人は妻と2人暮らしであったこと、さらに、同人の妻が行う自然食品等の販売取次の仕事を手伝うことがあったことなどの事実を認め、この点については、寄与度に相当する部分の収入が得られる蓋然性を肯定した上で、逸失利益算定の基礎収入を、平成20年賃金センサス男子65歳から69歳までの平均賃金363万2,000円の40％に当たる145万2,800円とした。

## 【5－3－7】仕事を見つけることが困難となり、生活保護を受給していた症状固定時65歳の無職の男性の逸失利益について、その基礎収入を、事故前に得たことがある収入月額の1年分に当たる金額とした事例　（横浜地判平24・3・28交民45・2・436　森義之裁判官）

### ＜判決の概要＞

|  |  |  |
|---|---|---|
| 被害者 | 事　故　日 | 平成19年8月22日 |
|  | 年　　　齢 | 症状固定時65歳 |
|  | 性別・職業 | 男性・無職（生活保護受給者） |
| 算　定　の　基　礎　収　入　額 | | |
| 逸　失　利　益 | | 年額268万8,000円（本件事故前に得たことがある収入月額22万4,000円の1年分に当たる金額） |

**255**

第5章　無職者等

## 1　当事者の主張

(1)　原告の主張

　原告の逸失利益算定のための基礎収入は、年額360万円である。

(2)　被告の主張

　原告は、約20年前に港湾で仕事をしていたが、それ以降、就労しておらず、生活保護によって生計を立てていたのであるから、就労の蓋然性はなく、逸失利益もない。

## 2　解説

　被害者は、**無職者（生活保護受給者）**である。

　判決は、被害者は、本件事故前は港湾労働者や建設作業員として働いたことがあり、1か月で22万4,000円の収入を得たことがあったとした上で、平成17、18年頃から、仕事を見つけることが困難となり生活保護を受給しているが、本件事故後も働く意欲があることが認められるとして、逸失利益算定の基礎収入を、22万4,000円の1年分に当たる268万8,000円とした。


【5－3－8】年金生活をしていた事故時68歳の無職の女性の逸失利益について、事故当時就職活動をしておらず、就労の蓋然性があったとは言えないとして、逸失利益を認めなかった事例

（神戸地判平23・9・7交民44・5・1137　長井浩一裁判官）

### ＜判決の概要＞

| 被害者<br>（死亡） | 事　故　日 | 平成21年4月22日　　　　　　死亡事故 |
|---|---|---|
| | 年　　　齢 | 事故時68歳 |
| | 性別・職業 | 女性・無職 |
| 算　定　の　基　礎　収　入　額 ||||

256

第3節　65歳以上の高齢者

| 逸　失　利　益 | 就労による基礎収入は認められず。 |
|---|---|

## 1　当事者の主張

(1)　原告の主張

　亡女の収入は、本件事故当時年金だけであったが、家事労働やパートその他で働く意思及び能力があったから、その逸失利益は、年齢別平均給与月額23万6,600円、年額283万9,200円として算定すべきである。

(2)　被告の主張

　年齢別平均給与額を基礎収入とするためには、同平均給与額程度の収入を得ていた蓋然性を立証する必要があるが、原告は、その立証をしていない。

## 2　解説

　被害者は、**無職者（1人暮らし）**である。

　判決は、被害者は、本件事故当時、1人暮らしの無職者であり、平成16年5月以降は年金生活をしていたこと、また、本件事故当時、就職活動をしておらず、就労の蓋然性があったとは言えないことから、就労による逸失利益を認めなかった。

【5－3－9】事故前年に米穀店を自主廃業後、年金を受給していた事故時69歳の無職の男性の逸失利益について、事故当時、継続的に一定の稼働収入を得ていたとは認められないとして、逸失利益を認めなかった事例

（名古屋地判平22・2・5交民43・1・106　松田敦子裁判官）

257

第5章　無職者等

＜判決の概要＞

| 被害者<br>（死亡） | 事　故　日 | 平成16年9月1日 | 死亡事故 |
|---|---|---|---|
| | 年　　　齢 | 事故時69歳 | |
| | 性別・職業 | 男性・無職 | |
| 算　定　の　基　礎　収　入　額 | | | |
| 逸　失　利　益 | 就労による基礎収入は認められず。 | | |

## 1　当事者の主張

(1)　原告の主張

　亡男は、本件事故当時、義弟の仕事の手伝い等をして年間100万円弱の収入があったから、その逸失利益は、平成16年賃金センサス男子学歴計65～69歳平均収入である396万5,300円を基礎収入として算定すべきである。

(2)　被告の主張

　亡男は、死亡時69歳であり、長年営んできた米穀店を自主廃業して、以後無職であったから、稼働収入による逸失利益は認められない。

## 2　解説

　被害者は、**無職者**である。

　判決は、被害者について、平成15年3月に米穀店を自主廃業した後は、専ら自宅で過ごす生活を送っていたのであり、義弟から仕事の手伝いを頼まれた際に出掛けていたことがあったとしても、本件事故当時に継続的に一定の稼働収入を得ていたことを認めるに足りる証拠はないことから、逸失利益を否定した。

　しかし、この結論には疑問が残る。被害者は、本件事故の前年までは稼働していた事実がある。仮に本件事故当時には稼働による収入がなかったとしても、被害者に稼働の意思が認められる限り、逸失利益を肯定できると解釈するのが相当である。

258

# 判 例 索 引

**【平成14年】**

大阪地判平成14年 2 月15日交民35巻 1 号242頁 ……………………… 131

**【平成15年】**

東京地判平成15年12月 1 日交民36巻 6 号1521頁……………………… 103

**【平成17年】**

名古屋地判平成17年 7 月13日交民38巻 4 号947頁 ……………………… 147

名古屋地判平成17年10月 5 日交民38巻 5 号1386頁……………………… 129

**【平成18年】**

大阪地判平成18年 2 月 7 日交民39巻 1 号138頁 ……………………… 127

大阪地判平成18年 2 月10日交民39巻 1 号156頁 ……………………… 128

東京地判平成18年 3 月14日交民39巻 2 号326頁 ……………………… 125

大阪地判平成18年 6 月14日交民39巻 3 号764頁 ……………………… 124

大阪地判平成18年 6 月16日交民39巻 3 号786頁 ……………………… 146

神戸地判平成18年11月17日交民39巻 6 号1620頁……………………… 101

**【平成19年】**

東京地判平成19年 1 月17日交民40巻 1 号69頁……………………… 144

千葉地判平成19年 6 月26日交民40巻 3 号793頁 ……………………… 143

東京地判平成19年 7 月23日交民40巻 4 号919頁 ……………………… 123

東京地判平成19年 7 月30日交民40巻 4 号1014頁……………………… 109

**【平成20年】**

大阪地判平成20年 1 月23日交民41巻 1 号44頁……………………… 142

神戸地判平成20年 1 月29日交民41巻 1 号102頁 ……………………… 120

東京地判平成20年 2 月 4 日交民41巻 1 号148頁 ……………………… 122

大阪地判平成20年 3 月14日交民41巻 2 号340頁 ……………………… 100

千葉地判平成20年 9 月29日交民41巻 5 号1304頁……………………… 140

判例索引

## 【平成21年】

名古屋地判平成21年1月13日交民42巻1号38頁 ·······················76

大阪高判平成21年3月26日交民42巻2号305頁 ·······················99

東京地判平成21年6月24日交民42巻3号794頁 ·······················139

佐賀地判平成21年8月7日交民42巻4号1010頁 ·······················138

東京地判平成21年8月26日交民42巻4号1060頁 ·······················136

## 【平成22年】

名古屋地判平成22年1月8日交民48巻1号8頁 ·······················134

名古屋地判平成22年2月5日交民43巻1号106頁 ·······················257

大阪地判平成22年5月26日交民43巻3号712頁 ·······················135

東京高判平成22年9月9日交民43巻5号1109頁 ·······················96

東京地判平成22年9月30日交民43巻5号1265頁 ·······················214

大阪地判平成22年10月20日交民43巻5号1313頁 ·······················98

大阪地判平成22年12月3日交民43巻6号1570頁 ·······················119

名古屋地判平成22年12月7日交民43巻6号1608頁 ·······················66

京都地判平成22年12月9日交民43巻6号1637頁 ·······················59

## 【平成23年】

大阪地判平成23年1月27日交民44巻1号123頁 ·······················118

東京地判平成23年2月3日交民44巻1号197頁 ·······················221

岡山地判平成23年3月2日交民44巻2号297頁 ·······················74

京都地判平成23年3月11日交民44巻2号357頁 ·······················195

大阪地判平成23年3月25日交民44巻2号419頁 ·······················205

京都地判平成23年5月10日交民44巻3号577頁 ·······················244

京都地判平成23年6月10日交民44巻3号765頁 ·······················246

大阪地判平成23年7月13日交民44巻4号908頁 ·······················94

大阪地判平成23年7月20日交民44巻4号945頁 ·······················194

京都地判平成23年8月9日交民44巻4号1025頁 ·······················95

判例索引

神戸地判平成23年 9 月 7 日交民44巻 5 号1137頁 ‥‥‥‥‥‥‥‥‥‥‥ 256

名古屋地判平成23年 9 月16日交民44巻 5 号1176頁 ‥‥‥‥‥‥‥‥‥‥‥65

東京地判平成23年10月17日交民44巻 5 号1357頁 ‥‥‥‥‥‥‥‥‥‥‥‥ 108

さいたま地判平成23年11月18日交民44巻 6 号1423頁 ‥‥‥‥‥‥‥‥‥ 243

名古屋地判平成23年11月18日交民44巻 6 号1441頁 ‥‥‥‥‥‥‥‥‥‥ 203

東京地判平成23年11月25日交民44巻 6 号1448頁 ‥‥‥‥‥‥‥‥‥‥‥‥ 115

横浜地判平成23年11月29日交民44巻 6 号1471頁 ‥‥‥‥‥‥‥‥‥‥‥‥ 204

神戸地判平成23年12月26日交民44巻 6 号1635頁 ‥‥‥‥‥‥‥‥‥‥‥‥ 116

## 【平成24年】

東京地判平成24年 3 月27日交民45巻 2 号405頁 ‥‥‥‥‥‥‥‥‥‥‥‥‥63

横浜地判平成24年 3 月28日交民45巻 2 号436頁 ‥‥‥‥‥‥‥‥‥‥‥ 255

横浜地判平成24年 3 月29日交民45巻 2 号447頁 ‥‥‥‥‥‥‥‥‥‥‥ 193

名古屋地判平成24年 3 月30日交民45巻 2 号455頁 ‥‥‥‥‥‥‥‥‥‥‥57

京都地判平成24年 4 月11日交民45巻 2 号466頁 ‥‥‥‥‥‥‥‥‥‥‥‥93

京都地判平成24年 5 月 9 日交民45巻 3 号591頁 ‥‥‥‥‥‥‥‥‥‥‥‥92

名古屋地判平成24年 5 月16日交民45巻 3 号633頁 ‥‥‥‥‥‥‥‥‥‥‥58

東京地判平成24年 7 月17日交民45巻 4 号792頁 ‥‥‥‥‥‥‥‥‥‥‥‥56

大阪地判平成24年 7 月26日交民45巻 4 号903頁 ‥‥‥‥‥‥‥‥‥‥‥ 253

大阪地判平成24年 7 月30日交民45巻 4 号933頁 ‥‥‥‥‥‥‥‥‥‥‥ 213

大阪地判平成24年 8 月28日交民45巻 4 号997頁 ‥‥‥‥‥‥‥‥‥‥‥ 254

大阪地判平成24年 8 月29日交民45巻 4 号1009頁 ‥‥‥‥‥‥‥‥‥‥‥ 192

大阪地判平成24年 9 月19日交民45巻 5 号1164頁 ‥‥‥‥‥‥‥‥‥‥‥‥55

大阪地判平成24年 9 月27日交民45巻 5 号1202頁 ‥‥‥‥‥‥‥‥‥‥‥‥20

東京地判平成24年 9 月28日交民45巻 5 号1216頁 ‥‥‥‥‥‥‥‥‥‥‥ 201

京都地判平成24年11月14日交民45巻 6 号1331頁 ‥‥‥‥‥‥‥‥‥‥‥ 251

大阪地判平成24年11月27日交民45巻 6 号1356頁 ‥‥‥‥‥‥‥‥‥‥‥ 113

東京地判平成24年11月30日交民45巻 6 号1416頁 ‥‥‥‥‥‥‥‥‥‥‥‥52

261

判例索引

東京地判平成24年12月18日交民45巻6号1495頁･････････････････89

京都地判平成24年12月19日交民45巻6号1532頁･････････････････90

名古屋地判平成24年12月21日交民45巻6号1568頁････････････････53

東京地判平成24年12月26日交民45巻6号1586頁･････････････････ 212

【平成25年】

京都地判平成25年2月14日交民46巻1号246頁 ･･････････････････51

東京地判平成25年3月14日交民46巻2号384頁 ･･････････････････73

東京地判平成25年4月26日交民46巻2号577頁 ･･････････････････50

名古屋地判平成25年6月28日交民46巻3号856頁 ･･･････････････48

名古屋地判平成25年7月3日公刊物未掲載･････････････････････88

名古屋地判平成25年7月18日交民46巻4号960頁 ･･･････････････ 190

東京地判平成25年8月6日交民46巻4号1031頁･･･････････････････47

大阪地判平成25年8月27日交民46巻4号1125頁･････････････････ 112

大阪地判平成25年8月29日交民46巻4号1134頁･･････････････････86

大阪地判平成25年8月29日交民46巻4号1146頁････････････････ 242

東京地判平成25年9月6日交民46巻5号1174頁･････････････････ 210

大阪地判平成25年10月17日交民46巻5号1356頁････････････････ 250

大阪地判平成25年11月14日交民46巻6号1452頁････････････････ 240

大阪地判平成25年12月3日交民46巻6号1543頁･････････････････62

大阪地判平成25年12月13日交民46巻6号1571頁････････････････72

福井地判平成25年12月27日交民46巻6号1654頁････････････････46

【平成26年】

大阪地判平成26年1月14日交民47巻1号39頁･･･････････････････ 249

東京地判平26年1月16日交民47巻1号46頁･･････････････････････ 238

横浜地判平成26年2月28日交民47巻1号283頁 ･･･････････････ 165

釧路地判平成26年3月17日交民47巻2号337頁 ･･･････････････ 236

東京地判平成26年3月27日交民47巻2号450頁 ･･･････････････ 237

262

判例索引

神戸地判平成26年4月30日交民47巻2号579頁 ……………………… 248

京都地判平成26年5月13日交民47巻3号600頁 ……………………… 230

名古屋地判平成26年5月16日交民47巻3号629頁 …………………… 182

名古屋地判平成26年5月21日交民47巻3号650頁 ……………………70

大阪地判平成26年6月18日交民47巻3号734頁 ……………………… 183

横浜地判平成26年6月19日交民47巻3号754頁 ……………………… 232

京都地判平成26年6月27日交民47巻3号813頁 ……………………… 233

神戸地判平成26年6月27日交民47巻3号824頁 ……………………… 234

神戸地判平成26年7月18日交民47巻4号915頁 ………………………18

神戸地判平成26年8月15日交民47巻4号964頁 ……………………… 228

名古屋地判平成26年8月21日交民47巻4号990頁 …………………… 229

大阪地判平成26年8月27日交民47巻4号1050頁………………………44

大阪地判平成26年9月19日交民47巻5号1161頁………………………42

大阪地判平成26年9月19日交民47巻5号1175頁………………………17

千葉地判平成26年9月25日交民47巻5号1224頁………………………43

大阪地判平成26年11月5日交民47巻6号1373頁……………………… 189

横浜地判平成26年11月6日交民47巻6号1385頁………………………38

横浜地判平成26年12月11日交民47巻6号1520頁…………………… 164

大阪地判平成26年12月11日交民47巻6号1529頁………………………85

東京地判平成26年12月18日交民47巻6号1548頁…………………… 200

さいたま地判平成26年12月19日交民47巻6号1559頁………………40

名古屋地判平成26年12月19日交民47巻6号1584頁…………………41

東京地判平成26年12月24日交民47巻6号1597頁…………………… 106

## 【平成27年】

名古屋地判平成27年1月14日交民48巻1号35頁……………………… 173

大阪地判平成27年1月15日交民48巻1号45頁………………………… 171

大阪地判平成27年1月29日交民48巻1号198頁 ……………………… 174

263

判例索引

神戸地判平成27年1月29日交民48巻1号206頁 ……………………37

東京地判平成27年3月10日交民48巻2号358頁 ……………………34

東京地判平成27年3月11日交民48巻2号376頁 …………………… 163

東京地判平成27年3月25日交民48巻2号403頁 …………………… 220

東京地判平成27年3月26日交民48巻2号414頁 ……………………83

名古屋地判平成27年5月11日交民48巻3号549頁 ………………… 208

京都地判平成27年6月15日交民48巻3号728頁 ……………………35

大阪地判平成27年6月16日交民48巻3号740頁 …………………… 209

大阪地判平成27年7月31日交民48巻4号933頁 …………………… 133

大阪地判平成27年8月26日交民48巻4号997頁 ……………………33

大阪地判平成27年8月28日交民48巻4号1017頁…………………… 219

大阪地判平成27年8月28日交民48巻4号1028頁 …………………… 199

京都地判平成27年9月2日交民48巻5号1078頁…………………… 69

大阪地判平成27年9月29日交民48巻5号1198頁…………………… 32

大阪地判平成27年10月14日交民48巻5号1273頁…………………… 170

大阪地判平成27年10月22日交民48巻5号1286頁…………………… 162

大阪地判平成27年10月30日交民48巻5号1335頁…………………… 188

神戸地判平成27年11月11日交民48巻6号1362頁…………………… 198

大阪地判平成27年11月27日交民48巻6号1428頁…………………… 169

東京地判平成27年11月30日交民48巻6号1464頁…………………… 29

神戸地判平成27年12月3日交民48巻6号1472頁…………………… 30

東京地判平成27年12月17日交民48巻6号1482頁…………………… 226

## 【平成28年】

神戸地判平成28年1月20日交民49巻1号23頁…………………… 225

京都地判平成28年1月21日交民49巻1号43頁…………………… 187

東京地判平成28年1月22日交民49巻1号55頁…………………… 160

京都地判平成28年1月26日交民49巻1号78頁…………………… 167

判例索引

松山地判今治支部平成28年 2 月 9 日交民49巻 1 号136頁 ……………………15

名古屋地判平成28年 2 月19日交民49巻 1 号219頁 ……………………… 168

東京地判平成28年 2 月25日交民49巻 1 号255頁 ……………………… 181

名古屋地判平成28年 2 月26日交民49巻 1 号288頁 ……………………… 105

名古屋地判平成28年 3 月18日交民49巻 2 号443頁 ……………………… 197

大阪地判平成28年 5 月13日交民49巻 3 号583頁 ……………………… 158

神戸地判平成28年 5 月18日交民49巻 3 号601頁 ……………………… 159

神戸地判平成28年 5 月26日交民49巻 3 号659頁 ……………………… 186

横浜地判平成28年 5 月27日交民49巻 3 号672頁 ………………………14

横浜地裁川崎支部平成28年 5 月31日交民49巻 3 号682頁 …………… 180

札幌地判平成28年 6 月24日交民49巻 6 号1559頁…………………………24

東京地判平成28年 6 月27日交民49巻 3 号780頁 ……………………… 224

大阪地判平成28年 7 月14日交民49巻 4 号869頁 ………………………26

大阪地判平成28年 7 月15日交民49巻 4 号886頁 ……………………… 207

名古屋地判平成28年 7 月15日交民49巻 4 号893頁 ………………………27

東京地判平成28年 7 月19日交民49巻 4 号900頁 ……………………… 185

大阪地判平成28年 7 月19日交民49巻 4 号927頁 ………………………28

大阪地判平成28年 7 月29日交民49巻 4 号971頁 ……………………… 179

東京地判平成28年 9 月 7 日交民49巻 5 号1109頁……………………… 153

横浜地判平成28年 9 月14日交民49巻 5 号1137頁…………………………13

名古屋地判平成28年 9 月30日交民49巻 5 号1182頁……………………… 154

名古屋地判平成28年10月14日交民49巻 5 号1215頁………………………82

名古屋地判平成28年10月21日交民49巻 5 号1236頁……………………… 155

京都地判平成28年10月25日交民49巻 5 号1243頁……………………… 157

東京地判平成28年11月17日交民49巻 6 号1359頁…………………………11

大阪地判平成28年11月29日交民49巻 6 号1389頁…………………………12

大阪地判平成28年12月12日交民49巻 6 号1451頁……………………… 152

265

判例索引

神戸地判平成28年12月13日交民49巻 6 号1477頁‥‥‥‥‥‥‥‥‥‥‥22

名古屋地判平成28年12月21日交民49巻 6 号1531頁‥‥‥‥‥‥‥‥‥23

東京高判平成28年12月27日交民49巻 6 号1335頁‥‥‥‥‥‥‥‥‥‥61

## 【平成29年】

大阪地判平成29年 1 月31日交民50巻 1 号84頁‥‥‥‥‥‥‥‥‥‥ 151

横浜地判平成29年 2 月 3 日交民50巻 1 号97頁‥‥‥‥‥‥‥‥‥‥ 111

神戸地判平成29年 4 月28日交民50巻 2 号513頁 ‥‥‥‥‥‥‥‥‥ 223

名古屋地判平成29年 5 月19日交民50巻 3 号630頁 ‥‥‥‥‥‥‥‥‥81

# 事 項 索 引

## 【あ】

アルバイト
（福祉施設の送迎車運転手）……63

アルバイト（ホテル従業員）……68

アルバイト（建設業）……………98

アルバイト
（居酒屋、女子・中学卒）…… 211

アルバイト（求職中）………… 219

アルバイト（精神疾患者）…… 231

アルバイト（家事従事者）…… 244

アルバイト……………………… 252

アルバイト（駐輪場管理人）… 255

## 【い】

医師……………………………70, 76

医師（産婦人科医）……………74

医師（外科医）…………………77

委託業務取扱業………………… 135

移動式ラーメン店営業………… 145

イラスト制作作業者…………… 134

## 【う】

運転手（クレーン）……………23

運転手（生コンミキサー車）… 101

## 【か】

外国人（スリランカ人）……… 227

会社員……………………53, 58

会社社員（イベント）……………26

会社社員（ハウスメーカー）……30

会社社員（菓子製造）…………31

会社社員（製薬）………………36

会社社員
（中小アパレルメーカー営業）…41

会社社員（宅配）………………56

会社部長…………………………40

画家…………………………… 146

鍵製造修理業……………………93

学生……………………………… 7

学生（女子・薬学部薬学科）… 199

学生（男子・建築学科）…198, 200

学生（男子・医学部医学科）… 201

学生（男子）……………202, 205

学生（男子・理工学部）……… 203

学生（女子）………………… 206

確定申告額……………………… 6

家事従事者……………………… 6

家業手伝い…………………… 144

## 【き】

技師………………………………51

キックボクシングトレーナー……73

キャディー………………………97

給与所得者……………………… 5

教職公務員（英語教師）…………52

銀行支社長………………………48

事項索引

金属加工業……………………………86

【く】

クラシックカー修理業……………96

【け】

経営者（鉄工所）…………………87

経営者（すし店）………………… 112

経営者（スナック）……………… 113

経営者（新聞販売店）………… 114

経営者（ペットショップ）116，121

経営者（米穀店）…………119，125

経営者（居酒屋）……………… 122

経営者（バイク店）…………… 128

経営者（喫茶店）……………… 130

警察官………………………33，38，60

警備員……………………………27，54

契約社員（マンション管理人）…66

競輪選手……………………92，95

兼業主婦（事故時47歳）……… 175

兼業主婦（事故時53歳）……… 169

兼業主婦（事故時55歳）……… 174

兼業主婦（事故時57歳）……… 173

兼業主婦（事故時61歳）……… 171

兼業主婦（事故時65歳）……… 170

兼業主婦（症状固定時37歳）… 168

建築請負業………………………… 100

建築業…………………………102，104

【こ】

高校生（男子）……………………

………… 186，190，192，193，194

高校生（男子・職歴あり）…… 188

高校生（女子）………………… 189

高校生（女子・大学進学決定） 191

高校生（女子・中高一貫の進学校在

籍）……………………………… 195

高校生（女子・通信制普通科） 187

高校中退者……………………… 212

公務員……………………………………49

公務員（技能職員）………………55

公務員（消防職員）………………57

高齢主婦………………………… 7

国家試験受験生……………… 230

固定経費…………………………………85

【さ】

材木商……………………………… 129

三庁提言………………………… 5

【し】

歯科医師……………………106，107

事業所得者……………………6，120

システムエンジニア……… 39，123

自動車整備士……………………34

若年労働者…………………………… 5

住宅設備業者……………………83

主婦…………………………………… 6

準社員（舞台俳優志望者）………61

女児（事故時11歳）…………… 179

女児（症状固定時３歳）……… 181

女児（症状固定時７歳）……… 182

女性会社員……………………………45

女性販売員……………………43
新聞配達員……………………24
【す】
スナック店専任………………131
【せ】
専業主夫（事故時33歳）………166
専業主夫（事故時49歳）………165
専業主夫（事故時71歳）………159
専業主夫（事故時80歳）………155
専業主婦（事故時58歳）………152
専業主婦（事故時71歳）………154
専業主婦（事故時71歳）………157
専業主婦（事故時75歳）………161
専業主婦（事故時76歳）………156
専業主婦（事故時77歳）………163
専業主婦（事故時78歳）………153
専業主婦（事故時82歳）………160
専業主婦（事故時88歳）………164
専門学校生……………………213
専門学校生（美容）……………208
専門学校生（調理）……………209
【た】
大学教授………………………71
大学非常勤講師…………………64
大工……………………………90
大工見習い（高校中退）………210
代表取締役
………14，16，18，19，20，35
代表取締役（一人会社）…………12

男児（事故時2歳）……………182
男児（事故時3歳）……………183
【と】
陶芸家…………………………139
時計古物商……………………140
とび職……………………81，94
土木作業員……………………47
取締役…………………………13，15
【の】
農業……………………………84
農家（イチゴ栽培）……………88
農業所得………………………84
【は】
バー店長………………………25
バス運行管理責任者……………28
パソコン関連事業者……………117
花屋……………………………126
【へ】
弁理士…………………………109
【ほ】
保育士…………………………44
放送作家………………………136
ホステス………………………142，147
【む】
無職者（求職中）………………222
無職者（パニック障害）………224
無職者（生活保護受給者）…………
……225，235，238，245，253，256
無職者…226，241，243，251，258

**269**

事項索引

無職者（就職内定者）………… 229

無職者（年金受給者）………… 233

無職者（求職中）……………… 234

無職者（家事従事者）………… 237

無職者

（精神疾患による障害年金受給者）

…………………………… 239

無職者（職業訓練生）………… 247

無職者（１人暮らし）……248，257

無職者（介護者）……………… 250

無職者等……………………… 7

【や】

薬剤師………………………… 110

【ゆ】

輸入雑貨販売業者……………… 141

【よ】

予備校生……………………… 215

【ろ】

浪人生………………………… 221

露天商………………………… 137

――――――――――――――――――――［著者略歴］

みやざきなおき
## 宮﨑直己

| | |
|---|---|
| 1951年 | 岐阜県生まれ |
| 1975年 | 名古屋大学法学部法律学科卒業 |
| 1990年 | 愛知県弁護士会において弁護士登録 |
| 現在 | 弁護士 |

## ［主著］

| | |
|---|---|
| 1999年 | 農業委員の法律知識（新日本法規） |
| 2001年 | 基本行政法テキスト（中央経済社） |
| 2002年 | 判例からみた農地法の解説（新日本法規） |
| 2004年 | 交通事故賠償問題の知識と判例（技術書院） |
| 2009年 | 農地法概説（信山社） |
| 2010年 | 設例農地法入門［改訂版］（新日本法規） |
| 2011年 | 交通事故損害賠償の実務と判例（大成出版） |
| 2013年 | Q＆A交通事故損害賠償法入門（大成出版） |
| 2016年 | 農地法の設例解説（大成出版） |
| 同年 | 農地法講義［改訂版］（大成出版） |
| 2017年 | 判例からみた労働能力喪失率の認定（新日本法規） |
| 同年 | 農地法読本［四訂版］（大成出版） |
| 同年 | 設例農地民法解説（大成出版） |
| 2018年 | 農地法の実務解説［三訂版］（新日本法規） |
| 2019年 | 農地事務担当者の行政法総論（大成出版） |

---

### 判例メモ　逸失利益算定の基礎収入

2019年4月10日　第1版第1刷発行

| | |
|---|---|
| 著　者 | 宮　﨑　直　己 |
| 発行者 | 箕　浦　文　夫 |
| 発行所 | 株式会社大成出版社 |

〒156-0042
東京都世田谷区羽根木1－7－11　　TEL 03（3321）4131
https://www.taisei-shuppan.co.jp/

Ⓒ2019　宮崎直己　　　　　　　　　　印刷　信教印刷
落丁・乱丁はおとりかえいたします
ISBN978-4-8028-3359-2